学力がぐんぐん上がる急上昇県のひみつ

あの県あの学校がやっている学力底上げの秘策

編集：千々布敏弥
（国立教育政策研究所総括研究官）

教育開発研究所

はじめに

　本書の前編に当たる『若手教師がぐんぐん育つ学力上位県のひみつ』は、学力上位県である秋田県と福井県に焦点を当てて編纂した、私の近年における両県との交流の成果を詰め込んだ書である。幸いに多くの支持を得ているとのことで、嬉しい限りである。秋田と福井に学んでいる都道府県は多い。前著刊行の後、多くの県で指導主事研修会や学力向上会議等に招聘され、秋田・福井の両県以外の自治体との交流も増えた。なかでも、本書に寄稿いただいている沖縄県、大分県、高知県との交流は深い。これら3県は、2007（平成19）年の全国学力調査開始時に県平均の都道府県順位が40位前後の低位であったのが、近年は10位代に急上昇している。本書のタイトルである学力「急上昇県のひみつ」とはすなわち、沖縄、大分、高知は学力を向上させるために何をやったかということになる。私はこれら3県と密に交流することに加え、市町レベルでも同様の成果をあげている、あるいはあげつつある自治体とも交流した。前著『若手教師がぐんぐん育つ学力上位県のひみつ』は秋田と福井の2県をケースとしているが、今回は急上昇している3県プラス9自治体の事例を分析するものである。

　学力上昇県に共通してみられるのは、指導の改善である。一斉講義形式に陥りがちな授業を主体的・対話的で深い学びを求める授業に変えるため、その先進県である秋田県に学び、秋田県を模倣するか、秋田県を模範としてその県独自の授業スタイルを構築している。その授業スタイルを実現するために必要なのが校長のリーダーシップであり、そのために学力上位県と同様の学校訪問体制を整えている。そのような改革を推進したリーダーがそれぞれの県に存在したことも、学力上昇県の成功の要因である。本書の執筆をお願い

しているのはそのリーダーシップを発揮した当事者の方ばかりだ。立場は次長、課長、室長など異なっているが、それらの改革発案者と言える人たちが明確な方針を立ちあげ、その方針を県下に広めている。本書の執筆者たちは、いずれも県外から多くの視察を受け入れている人たちばかりである。私は、本書をお読みいただくだけでなく、執筆者の皆さまに会っていただきたいと思っている。行間から伝わる以上のエネルギーを感じることができるはずだ。それが教育委員会あるいは学校の改革につながることになる。

2019年5月

編者　千々布　敏弥

●目次●

はじめに…千々布敏弥・3

1章 《総論》学力がぐんぐん上がる急上昇県のひみつ

学力がぐんぐん上がる急上昇県のひみつ…千々布敏弥・10

2章 教育委員会の取り組みで学力急上昇

《沖縄県》
全国学力調査最下位の衝撃から10年…目取真康司・40

《大分県》
「芯の通った学校組織」の推進と「新大分スタンダード」の徹底…米持武彦・50

《高知県》
高知県の教育の歩みこの10年と今後の展望…永野隆史・59

《北海道》
北海道における学力向上の取り組み…北海道教育委員会・68

《埼玉県》
一人ひとりを伸ばす教育をめざして…大根田頼尚・76

《北九州市》
教育委員会改革による学力向上…北九州市教育委員会学力・体力向上推進室・86

《尼崎市》
さらなる高みをめざして…徳田耕造・95

《戸田市》
Society5.0の社会に向けた教育改革…戸ヶ﨑勤・103

《茨木市》
一人も見捨てへん教育…加藤拓・111

●目次●

《枚方市》
教育委員会が変われば、校長が変わる…奈良渉・120
《春日市》
コミュニティ・スクールを基盤とした学校向上の取り組み…清尾昌利・129
《神川町》
「ユニット学習」で学び合う…福嶋慶治・137

3章　学び合いで学校が変わった

《日高市立高麗中学校》
人間関係を土台とした「学び合い」…横田健男・146
《福岡市立東光中学校》
「学び合い」とICT教育の実践…元主浩一・152
《有田市立宮原小学校》
子どもと子どもをつなぐ授業改善にベクトルを合わせて…下田喜久恵・158
《和歌山大学教育学部附属中学校》
協同教育を土台とした自律学習の実現…藤井英之・164
《神川町立丹荘小学校》
「ユニット学習」を活用した学び合いの授業実践…小柳百代・173
《枚方市立香陽小学校》
協働共伸、学び合う教師を育む学校づくり…小橋久美・179
《枚方市立楠葉西中学校》
確かな学びにつながる授業改善の取り組み…田辺元美・185
《枚方市立中宮中学校》
中宮中授業スタイルによる学力向上…鶴島茂樹・193

●目次●

《桐蔭学園》
トランジション課題に挑む新時代のフロントランナー・TOIN…川妻篤志・199
《大妻嵐山中学校》
「生徒の学びを変える授業研究」で若手教員の成長をめざす…真下峯子・205

執筆者一覧・212

1章 《総論》 学力がぐんぐん上がる急上昇県のひみつ

1章　学力がぐんぐん上がる急上昇県のひみつ

《総論》

学力がぐんぐん上がる急上昇県のひみつ

国立教育政策研究所総括研究官　千々布　敏弥

◆学力急上昇県とは

　図1は、全国学力調査（小学校）の算数と国語のAB問題の平均点を合計し、都道府県別順位の推移を示したものである。秋田県、福井県、石川県が安定して上位3県を独占していることと、今回ターゲットとした沖縄県等の成績が当初下位であったのがその後急上昇していることがわかる。

　秋田県、福井県に加え、今回の編纂に参加していただいた自治体の事例を総合すると、見えてくるものがある。一つの施策だけで変わっているのでない。組織体制を含めた改革に取り組んでいる。沖縄県は学力向上推進室を設置して県下の小中学校を直接訪問指導する体制を構築したし、大分県は教育事務所の指導主事数を増やして訪問回数と訪問体制を刷新した。施策も実施しているが、組織を変えている。それは多くの組織にとってハードルの高い作業になるはずだ。組織を変えるためには人事担当部局との交渉が必要になるし、何より上司である教育長、首長の同意を得ないといけない。通常はトップダウン的に組織改編の指示が出て動き出すのだが、沖縄県等の改革はボトムアップでなされている。その段階で他自治体と異なっている。

　今回取りあげていない自治体で、私に学力向上の相談を寄せている自治体は複数あるのだが、それらの自治体には、「学力向上のポイントはこれです」と端的に伝えている。「それを実施すれば向上するはず、実施しなければ向上しないでしょう。でも、貴県にできますかね」と投げかけている。ある意味、コロンブスの卵的な視点なのだが、それを実際に実行するのはむずかしい。現場からの反発があるし、教育委員会内部の意思統一もむずかしい。今回の編纂に声をかけた自治体はすべて、そのハードルをクリアしている自治体だ。だから学力が急上昇した、あるいは現在は上昇していないものの近いうちに上昇する動向を見取ることができる。

図1　全国学力調査の都道府県間順位の推移（小学校）

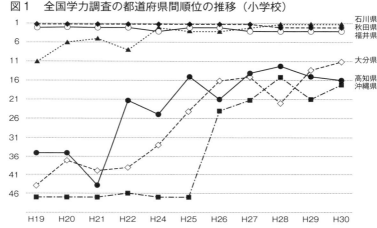

　学力を上げるポイントは明確だ。それを紹介するのが本書になるのだが、なぜこのような単純なことが実践されてこなかったのか、今になっては不思議に思う。それぞれの自治体は必死になって努力している。おそらく私が見いだしているポイント以外の施策も数多く実践しているはずだ。だが、最も効果がある施策は限られている。それをやったがゆえに学力が伸びている。

◆失敗の研究

　何がポイントか、それをお伝えする前に、この単純なポイントを伝えても実践できない自治体（あるいは学校）の特徴をあげておこう。
　第1に言い訳が多い。地域の問題（課題を抱えた家庭が多い、低学力の子どもが多い）、教員採用試験の倍率が低い（秋田や福井は倍率が高いから優秀な教員を雇用できているのでは）、教員の年齢構成がアンバランス（ベテランと若手の二コブになっていて技の伝承がむずかしい）、宿題を出していない（教員が宿題を出そうとしない、出しても児童・生徒がやってこない）、通塾率が高い（塾に通っている子と通っていない子の格差が大きく、授業がやりづらい）等々である。その言い訳の数々はすべて反論が可能なのだが、一番の要因は校長や教員に言い訳をして安心したいという気持ちがあることだ。
　第2にリーダーシップが機能していない。どの自治体もそれなりのしがら

みがある。既存の価値観を維持するのもリーダーシップだが、変えるのもリーダーシップ。後者のリーダーシップに欠ける組織が多い。新たな提案があると必ず反対意見が意思決定過程のいずこかで発生する。改革に成功した自治体は、発案者が課長補佐クラスから教育長、次長クラスまで幅広いのだが、発案者の改革案を実現に向けて動かす、あるいは改革案を承認するリーダーシップが自治体内に存在している。通常はそうならず、既存のしがらみに遠慮あるいは忖度して改革案をつぶしてしまう意思決定権者が多い。私に相談に来る自治体の多くが「それは変えることができないのですが、今のままで何とか学力を向上させることはできませんか」という質問の仕方をする。組織のあり方を根本的に変えないといけないのに、既存の組織文化を温存しながら細かな戦術を加えることで学力向上をめざしている。それがうまくいかないであろうことは、容易に想像できるのだが、施策の微修正で何とかできるのではないか、という甘い考えの自治体が多い。

　第3に、単純な施策の実施で変わると思っている。たとえば、秋田県、福井県は宿題をたくさん出しているのではないか、テスト対策に時間をかけているのではないか、という穿った見方を口にする教育委員会関係者や校長がいる。仮にそういう単純な施策で学力が上がると考えるのであれば、そうすればいいのにやらない。「そういう子どものためにならない施策をやっているおかげで学力が高いのでしょう。うちはそういうことはやりたくありません」と勝手に結論づけている。秋田や福井が何をしているか、見に行けばいいのに、見ないで結論づけている。穿った見方による施策を批判しながら、それに代わる施策を探索していない。

　第4に、上記と似た特徴だが、他自治体に学ぼうとしない。今日、これだけ学力が高い自治体と伸びている自治体が顕著になっているのに、足を運ばないで自分たち内部の議論だけで施策をつくろうとしている。沖縄県が秋田県に学んでいるのは有名な話だし、大分県は私が紹介した秋田県、福井県の施策担当者を招聘して勉強会を開催しているし、高知県は今でも他自治体からアドバイザーを招聘している。北九州市は教育長を筆頭に課長、指導主事が他自治体に足を運んだ件数は2桁に上っている。学力が上昇している自治体は他自治体に学んでいることが共通しており、そういう情報をほんの少し

得るだけで、他自治体に足を運ぼうと考えるはずなのに、いろいろと言い訳をして外に出ない。内向きの議論だけに終始している。

　第5に、学力向上の発案がトップダウンで行われ（首長か教育長）、「とにかく学力を向上させよ」との指令のみが組織を駆け巡り、安易に想定される施策が強引に実施されている。学力を向上させるために何を変えないといけないか、という問題意識よりも「○○さんが学力を向上させよと言っている」ことにどう対処すべきかという近視眼的発想で組織が数ヵ月試行錯誤を続ける。首長が学力向上を言い出した→教育長が部下に学力向上策を命じた→部下は教育長にどうしたらいいかを相談するが、「適当に考えろ」との指令→当惑した部下が私の所に相談に来る、という文脈が1件だけではない。そのような自治体がその後どのような変遷をたどるか。おおむね、トップダウン施策を実施した自治体は短期的には学力が上昇するがすぐに反動が来て大きく下落している。もう少々エビデンスを積み重ねて「教育委員会の失敗の研究」をしたいと思っているくらいだ。

　ここまでお読みいただいた方は、私が相当怒っていることを感じられたであろう。そうなのだ。これまで無駄な相談を受け続けたおかげで、私の「失敗の研究」が相当進んだことは感謝しているが、私がやりたいのは失敗の研究でなく成功の研究だ。これ以上無駄な相談は受けたくない。今後私に相談に来る自治体は本書を読んで、そのうえでどう戦略を考えたらいいかの相談に来ていただければと思っている。

◆学力上位県と学力上昇県の特徴

　学力を伸ばすポイントは一つ。「すべての学校の水準を引き上げること」である。水準とは学力の水準ということではない。「学力は最後についてくる」という言葉は、秋田県を初めとする高学力県、学力上昇県で共通して聞かれる言葉だ。授業の水準、それを高める校内研究の水準、それを高める組織文化の水準、それを高めるための校長のリーダーシップの水準、それらが総合的に高まった結果として子どもの学力が高まっている。

　「すべての学校の水準を引き上げる」ことの有効性を示す根拠は大きく二つある。

第1に、学力上位県である秋田県、福井県、石川県はすべてこの方針を採用している。突出した研究校が存在していない。ナンバースクールと言われるような研究校が存在すると、その学校にとくに有能な校長や教員が配置されることになり、他の学校はその分教員の層が薄くなる。すべての学校の水準を引き上げるとは、特別な学校をつくらず、どの学校も教員の質を均質にするということだ。

　第2に、全国学力調査の追加分析がこの方針の有効性を支持している（田中、2011）。図2の○の一つひとつは学校の平均点を示しており、その都道府県ごとの分布状況を一覧にしたものだ（中央ラインが全国平均点）。すると、都道府県としての平均が高い県でも低い県でも全国平均より高い平均を示す学校から低い平均を示す学校まで幅広く分布していることがよくわかる。秋田県と福井県の強みは、学校間格差が小さく、どの学校も平均的に高い水準を示していることだ。秋田県と福井県の学校平均点は、小中学校ともに全国平均に比べて上位の学校がほとんどであり、全国平均より下位の学校はきわめて少ない。秋田県と福井県は突出して平均点の高い学校がない代わりに全体の平均が優れているために、県としての平均が全国上位になっているのである。同分析は、学力調査の都道府県平均は、上位の学校の成績より下位の学校の成績が強く影響することも指摘している。上位と下位のばらつきは大都市を有する都道府県でとくに大きく、そのことは大都市を有する都道府県の学力調査平均がおおむね伸び悩んでいることにもつながっている。

　秋田県と福井県は小中学校の平均点の高さに比べて大学入試の成績が芳しくないことが揶揄ぎみに指摘されるところであるが、両県の特徴は下位層の児童・生徒が少ないことであり、逆に言えば、上位層よりも下位層を伸ばす施策を採用していることが、両県の高学力に結びついている。大学入試センターの平均点や難関大学の合格者数等で都道府県の高校学力が比較されているが（これらのデータは国が全く関与していない私的なデータではあるが）、そこで示される学力上位県は小中学校の学力上位県とほとんど相関していない。都道府県としての平均を伸ばすことと上位層を伸ばすことは背反的であり、両方をめざせれば結構なことだが、それはたいへん困難なのだ。施策の意思決定者はどちらが優先順位かという選択を意図的に行わないといけな

図2 全国学力調査都道府県別合計平均正答率の分布（中学校）

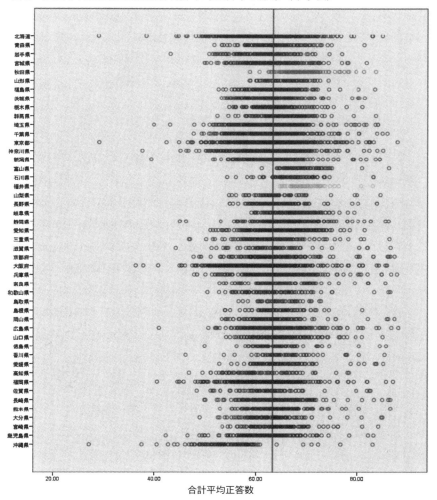

い。

　異なるベクトルの施策を同時に採用すると、どちらの施策も功を奏さないことになるという自覚が、教育委員会には足りないようだ。

　すべての学校の水準が高まるとは、すべての学校が同じような授業を実施するようになることではない。苫野一徳氏（2019）など、授業スタンダード

の弊害を指摘する研究者は多い。スタンダードが過度に実践を縛ることによってスタンダードをなぞるだけの授業が存在することは事実だが、スタンダード施策がそのような状況を意図しているわけではない。高学力県あるいは学力上昇県におけるスタンダード施策は、学校の自律性を認めている。秋田県はすべての指導主事が秋田スタンダードを強く意識しているが、それをそのまま学校に押しつけることはしない。「あなたがつくりたい授業はどのようなものですか」「あなたはどのような子どもを育てたいと思っているのですか」などの質問で教師を指導している。結果として、秋田県下のほとんどの学校で秋田スタンダードが定着しているのだが、授業スタイルは学校によって異なっている。福井県は福井型学校経営が存在しており、それが学校によって異なっている。沖縄県は秋田県を意識した授業改革がほとんどの学校で取り組まれているが、その受け止め方は学校によって異なっている（それを教育委員会が認めている）。すなわち、学校の水準が高まる状況とは、ある程度共通したベクトルが存在しているものの、ベクトルの向きは微妙に異なっており、ベクトルの長さ、達成度も学校によって異なっている。

　学校の独自性、教員の独自性をどう説明したらいいか。この価値観のみを強調すると、「みんな違ってみんないい」となる。そのことだけを強調すると、学力が低くてもいいじゃないか、という価値観が生じる。低学力自治体では、学力が低くてもいい、という考えの教員や校長は多い。学力上位あるいは学力上昇自治体では共有すべき価値観を共有し、認めるべき独自性が認められている。

　すべての学校の水準を引き上げる施策は、それが自治体の平均点に直接影響するわけではない。同じ方針をとりながら、全国学力調査の平均点が高くない自治体もある。それらの自治体は平均点が伸び悩んでいることをさほど問題視していない。それよりも不登校率や問題行動の発生率の減少、学校への満足度の上昇のほうを問題にしている。私はその方針は間違えていないと思っているが、本書では基本的に秋田県や福井県と同様にすべての学校の水準を引き上げる施策を採用し、それが学力平均点につながっている自治体の事例を集めている。

◆そのために教育委員会は何をしなくてはいけないか

　すべての学校の水準を引き上げるため、教育委員会は何をしないといけないか。一言で言えば、リーダーシップの発揮である。秋田県のリーダーシップの存在は明確だ。千々布（2014C）と千々布編（2017）で詳述しているが、秋田県の今日の礎を築いたのは1997（平成9）年度から2005（平成17）年度まで県教育長を務めた小野寺清氏であることは有名な話だ。小野寺氏は高校籍の教員出身だが、教育長になって以降は義務教育改革に邁進した。県版学力調査と保護者アンケートで客観的データを収集したうえで教育長自らが小中学校を訪問した。学校の体制に問題があれば、直接叱責するだけでなく、義務教育課に支援を指示するなどした。その様子はジャーナリストの太田あや氏（2015）が週刊文春に寄稿した記事に詳しい。小野寺氏は、県教育長の小中学校訪問という他県では見られない施策を推進しながら、校長たちの意識改革をめざしていた。小野寺氏のリーダーシップの特徴は、彼一人のトップダウンではないところにあった。小野寺氏が教育長を務めた間の義務教育課長のほとんどに私はインタビューしたのだが、それぞれ独自の味を持っている。

　まず、現在由利本荘市教育長となっている佐々田亨三氏にインタビューしたときは、小野寺教育長に命じられて、という文脈をほとんど話さなかったことが印象的だった。秋田県に必要な施策はこれこれ（たとえば少人数施策、ティーム・ティーチングなど。そのほかにも佐々田氏が推進した施策は多い）、と自身で考え「小野寺教育長のおかげでそれを推進できた」と語っている。髙橋秀一氏が課長の時代は逸話がたくさんある。小野寺氏は各部署を訪問しながら自らのアイデアを伝える機会が多かった（教育長室で次長、課長との打ち合わせの機会を定期的に持っていたのだが、それ以外に直接各課を訪れて課長たちと交流することを好んだらしい）。教育長の指示だから、多くの職員は素直に従うのだが、髙橋課長だけは素直に動かなかった。指導主事たちが見守るなかで喧々諤々（けんけんがくがく）の議論が展開され、髙橋課長の理路整然とした反論に教育長が納得する場面もあったとのこと。髙橋課長は小野寺教育長の指示を守るべきところは守り、同時に独自の施策（単元評価問題な

ど）も推進している。当時の指導主事は学校訪問を終えて義務教育課に帰ることが憂鬱だったらしい。訪問先でどのような指導をしたかを課長に報告しなくてはならないのだが、指導の内容や報告の仕方が的を射ていないと課長から厳しく叱責されることになったからだ。いきおい、指導主事の学校訪問は緊張感漂うものとなり、それが訪問指導のレベルアップにつながっていった（と私は秋田県の指導主事から聞いた）。髙橋氏の前任が三浦憲一氏になる。三浦氏は小野寺教育長が辛らつな言葉で話す内容を課員がどう受けとめることができるかを考え、かみ砕いて伝えていた。当時の指導主事は「トップダウンでありながら何かボトムアップで仕事をしているような錯覚に陥りながら業務にあたっていた」と語っている。三浦氏も髙橋氏と同様、一家言を持ちながら任務に当たっていたのだが、どちらかというと調整的な役割を担っていたようだ。私が小野寺氏、三浦氏、髙橋氏と同席した場で三浦氏が「この二人に挟まれて（髙橋氏が課長時代に三浦氏は次長）、ずっとたいへんだったんだからな」と語ったことがすべてを物語っている。ちなみに、その席で小野寺氏は「秀さん、今日くらいは俺の言うことを聞け」と語って笑いを誘っていた。加えて印象深いのが、小野寺氏の退任直後に義務教育課長となり、その後能代市教育長となった須藤幸紀氏である。須藤氏の指導場面を拝見しようと能代市を訪問したのだが、氏の説明は「基本的に教育事務所長の指導を補佐する方針でやっている」とのことだった。校長、教育事務所長、義務教育課長、参事を経験した方である。教育事務所長ははるか後輩になるはず。自分の後輩の指導を補佐する姿勢で仕事しているとの説明が、当初信じられなかった。同じ経歴を持って市町村教育長になり、県教育委員会に素直に従わない教育長は多い。その後本人にあらためて聞いたところ、「教育長として独自の施策を推進することは可能だが、それでは県として推進する体制が構築できなくなる。自分が県の教育事務所長や課長を務めていたとき、県としての体制の構築に苦労した。同じ思いを後輩にさせたくない」とのことだった。全国の市町村教育長に聞かせたい言葉だ。

　リーダーシップを発揮する人材が存在する教育委員会は他にもある。古くから残っていた悪弊を取り除いたり、働き方改革を推進したり、教育委員会指導主事を明るくしたり、リーダーシップを発揮する対象はいろいろある。

リーダーシップの発揮は教育委員会だけでない。校長にも求められる。学力が上昇していない学校の要因は校長のリーダーシップ不足にあると言っても過言ではない。学校が荒れると、まず校長が交代する。校長と同時に教頭や生徒指導主任クラスのミドルリーダーも交代するが、全職員を総取り替えすることはない。2～3名リーダーシップを発揮できるスタッフを配置するだけで、学校は大きく変わることができる。荒れが少なければ、校長一人で十分だ。その校長が赴任する学校はすべて校内が落ち着き、職員がやる気を持つようになり、学力も上がる——どの都道府県にも、そのような校長は一定数いる。問題はそれ以外の校長たち。教育委員会の人事を担当する人と打ち解けると「タマがない」という話がでる。本来であれば校長にしたくないのだが、それにふさわしい人がいないために不本意ながら校長に任命することが少なくない（おそらくは相当数あるのだろう）ということだ。「能力に欠ける校長は降格すればいい」と言う人がいるが、人事担当者は「それに代わる人材はどこにいるのでしょう」と考えている。

　優秀な校長は47都道府県どこにもいる。優秀な校長が学校を変えることができるのは当たり前のことだ。優秀な校長が自らの学校改革の記録を出版する事例は多いが、そのほとんどは役に立たない。本当に機能しているのは本に書かれていない本人の人間力にある場合がほとんどだからである。問題は、そうでない通常の校長がどう学校を変えることができるかだ。その秘訣は優秀校長の暗黙知でなく、教育委員会の意図的施策に求めたほうがよい。学力が上昇した自治体はそのような施策により平均レベルの校長の変容に成功している。

◆空気を変えるリーダーシップ

　ここまで紹介した教育委員会や校長のリーダーシップを「空気を変えるリーダーシップ」と命名したい。リーダーシップを表現する言葉には「変革型リーダーシップ」のほか「文化的リーダーシップ」「教育的リーダーシップ」「支援的リーダーシップ」などの言葉があるが（露口、2008）、私が出会ったリーダーシップはいずれも空気を変えていることが特徴的であり、それは文化と呼ぶにはふさわしくなく、変革と言うにはそれまでの空気を大事に

する。空気とは山本七平氏が指摘したものである（『「空気」の研究』1977）。空気は文化と似た概念だが、ある日突然変わる（空気が変わる）、それを理解していない人や従わない人を強く非難する（空気が読めない）ことなどは、文化と異なる。新しい学校に赴任した校長はその学校の空気を読み、空気を変えようとする。教育長も同様。その県や市の校長会の空気と同化しないと、施策を推進できない。教育界には独特の空気が漂っている。首長部局の空気は世の中の変容に直面して変わってきているのに、教育委員会だけが旧い空気を漂わせている。首長部局は「今の空気を読めよ」と批判するが、教育委員会はその空気を読むよりも自分たちの空気が重要だから、それを無視する。日本のリーダーは調整型が多い（猪木、2001）。空気と同化したり、従ったりすることが組織を運営するうえで必須だ。空気を大事にすると、組織の安定は守られるが、変えることができない。「空気を乱す」ことはネガティブに見られる。空気に従って組織をまとめるのが日本のリーダーシップの基本だが、それでは変えることができない。最近は首長などが主導して教育界の空気を無視した、強引な改革を実施する事例がいくつかの自治体で見られるが、空気を無視した改革は、空気を強化するだけで変えることはできない。学力調査成績などの指標が一時的に上がるが（それは「つき合わないといけないだろう」という空気による）、その後下がる（「もういいだろう」という空気による）。日本の組織で管理職になる人は少なくとも空気を理解していないといけない（したがって外様は組織の長になりにくい。外部の評判のいい民間人校長は地元の評判が悪い場合が多い）。企業においては外部から取締役を招聘して組織を改編する事例が増えているが、それも「そうしないと企業が生き残れないだろう」という空気のなせる技であり、トップが変わったからといって、空気がすべて変わるわけではない（巧妙に既存の空気の生き残り戦略を考えている）。

　秋田県教育委員会の面々、学力が急上昇した自治体のリーダー、学校を変革することに成功した校長、いずれも、空気を読んだうえで空気を変える戦略をとっている。空気を変えるために何をしないといけないかを理解したうえでそれを変えている。変える対象は空気であるから、変わり方はわかりにくい。第二次大戦終結のような大きな出来事があれば、一挙に空気が変わる

のだが（山本七平氏の問題意識はこの時期の変わり方にある）、通常は一部で生じた空気の変化が徐々に他方面に広がる変わり方をする。変わりきれない空気も存在するから、学力上位県においても、学力急上昇地域はなおのこと、空気が変わっていない＝教師の考え方や教え方に変化が見られない学校は多く存在している。そのような空気の状況を、本書の執筆者たちはわかっている。

◆校長のリーダーシップを伸ばす施策

　学力上位県はいずれも校長のリーダーシップを伸ばすための施策を取り入れている。たとえば秋田県は、新年度に向けた人事希望を校長から聴取する際（年末頃とのことだが）、学校経営計画も合わせて提出するように求めている。どのような人材がほしいか、という希望だけを受けつけていると、今回異動することになる教員と同等の力量の教員がほしい、あるいは課題のある教員を異動させて能力の高い教員がほしい、という人に焦点を当てた要望が寄せられることになる。それを秋田県は、まずどのような学校経営をやろうと考えているのか、それに必要な人材はどのようなものかという順序で要望を出す体制に変えた。学校経営構想が明確でない校長には「そのような学校の要望を聞くことはできない」と厳しく対処する。加えて秋田県は教育事務所と市町村教育委員会による訪問が合計年間5回以上行われており、学校評価的性質を持って学校経営方針がどの程度明確か、どのように実現されているかという視点で訪問および指導を行っている。秋田県の指導体制はおそらく最も充実したものであろうと予想しているが、他の上位県も学校経営の改善充実の視点で学校を年間複数回訪問している。学校訪問を行わない教育委員会はなく、すべての教育委員会が何らかの形で学校訪問を行っている。しかし、研究授業の参観だけ、あるいは授業を見ないで校長との懇談だけで済ませている教育委員会が少なからずある。学力上位県は緊張感を持った校長指導体制を構築している。

　学力上昇県で共通している重要事項は、学校訪問体制を通じた校長のリーダーシップ育成にあると言って過言でない。学校訪問体制が重要であることの根拠として、私が2009（平成21）年に全国の都道府県指定都市教育委員

会を対象に実施した調査を紹介しよう。教育委員会の学校訪問は大きく3種類に分かれる（千々布、2011A）。第1は計画的にすべての学校を毎年訪問するもの、第2は計画的に訪問するものの、全校を訪問するのに複数年（2〜3年が通常）かけているもの、第3は学校から要請があった場合に訪問するものである。第3のパターンが学校の主体性を尊重し、第1と第2の訪問が形式的な訪問になるような印象を与えるところだが、実際は異なっている。第1の訪問形態の都道府県の学力がおおむね高い。秋田県は教育事務所が中心になって年に3度以上訪問している。福井県は市町教育委員会が中心になって年に2度訪問している。近年学力が急上昇している大分県は、教育事務所のスタッフを増員し、学校訪問の頻度を増加した。秋田、福井、大分に共通しているのは、訪問時に全教室を参観するだけでなく、校長に面談して学校経営計画に関する指導も行っていることである。

　教育委員会調査に加え、私は2010（平成22）年に公立小中学校各1,000校を対象に「校内研究の実施状況調査」を実施した（回収率小学校70.5％、中学校66.5％）。その結果、学校の状況と有意に連関する取り組みとして次の23項目をあげることができた（千々布、2011B）（表1）。

表1　学校の状況と連関する校内研究の取り組み

（1）校内研究のための全校的な組織を組織している　（2）研究テーマに即して、いくつかの部会を設定している　（3）学校として一つの研究テーマを設定し、校内研究に取り組んでいる　（4）個人で研究テーマを設定して、研究に取り組んでいる　（5）学校の研究成果を過去5年のうちに公開している　（6）研究のまとめを過去5年のうちに作成している　（7）校内研究の年間スケジュールを前年度末に策定している　（8）全教員が研究授業を行うこととしている　（9）指導主事訪問の際に研究授業を公開している　（10）教員一人あたりの授業研究の年間回数が1回より多い　（11）教員一人あたりの研究授業の年間回数が1回より多い　（12）指導案を教科会等で事前検討している　（13）指導案を教科会等で検討した後、全教員で検討している　（14）指導案を校長等が指導している　（15）指導案を指導主事等が指導している　（16）指導案修正のため先行授業を行っている　（17）参観時は担当授業を自習にしている　（18）参観時は写真を撮っている　（19）参観時はビデオを撮っている　（20）参観時は授業記録をとっている　（21）事後協議会で授業記録やビデオを使用している　（22）特定の外部講師やその都度別の外部講師を招聘している　（23）外部講師の所属は大学である

そこで、それぞれの取り組みが行われている場合に1を割り振り、合計得点を校内研究の取り組み水準の指数としたところ、各都道府県の訪問方針（毎年1回以上訪問、数年に1回訪問、訪問せず）と有意な連関を確認した。小学校においても中学校においても、校内研究水準が高い学校の比率は、都道府県教育委員会が毎年1回以上訪問＞都道府県教育委員会が数年に1回訪問＞都道府県教育委員会は計画的な訪問をせず、となっている。カイ二乗検定の結果、有意確率は小学校において0.003、中学校において0.031であった（図3）。

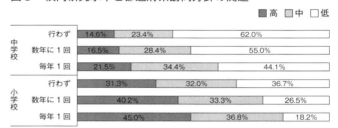

図3　校内研究水準と都道府県訪問方針の関連

つまり、校内研究の実施状況が最も優れている都道府県は「毎年1回以上訪問する」パターンであり、次いで「数年に1回訪問」「計画的な訪問は行わない」パターンの順となっていた。つまり、学校訪問の方針と授業研究水準に一定の相関関係が見られる。次に授業研究水準と学力の相関関係があれば、学校訪問→授業研究→学力という明確なパス図を示すことができる。

校内研究実施状況調査で、学校の状態を尋ねた設問を因子分析したところ「授業の質の高さ」「校内規律」「教員間のまとまり」の3因子が抽出された（累積寄与率74.3％）。これらの因子と校内研究水準の相関関係を確認したところ、「授業の質の高さ」と「教師間のまとまり」は小中ともに校内研究水準と有意な相関が見られ、小学校では校内研究水準と授業の質の高さとの相関が教師間のまとまりとの相関より高く、中学校では教員間のまとまりとの相関が授業の質の高さとの相関より高かった（表2）。

校内研究の取り組みは、その初歩的な段階では教員間のまとまりを促進する方向に働き、小学校で取り組まれているような高度な取り組みになると、授業の質を向上させる方向に働くと考えられる（千々布、2011B；Chichibu

表2　校内研究水準と3因子の相関係数

	授業の質	校内規律	教員間のまとまり
小学校	.166**	.014	.121**
中学校	.146**	.082*	.218**

表3　重回帰分析の係数（因子を使って再分析）

	標準化されていない係数		標準化係数	t値	有意確率	共線性の統計量	
	B	標準誤差	ベータ			許容度	VIF
（定数）	1.247	.122		10.184	.000		
校内研究水準	.019	.005	.101	4.056	.000	.959	1.042
コミュニケーション	.263	.035	.249	7.536	.000	.539	1.855
課題共有	.233	.036	.215	6.450	.000	.534	1.874

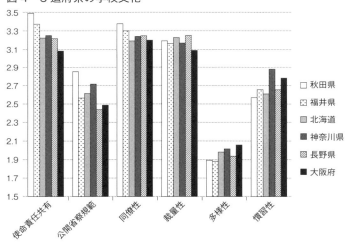

図4　6道府県の学校文化

& Kihara、2013、千々布、2014A）。そこで、「授業の質」を従属変数とし、校内研究水準と教員間のまとまりを独立変数とした重回帰分析を行ったところ、有意な結果が出た（表3）。

　以上の分析から、校内研究の取り組みは教員間のまとまりに影響し、学校の授業の水準は、教員間のまとまりと校内研究の取り組みの組み合わせにより説明できると解釈できる（千々布、2014A；千々布、2014B）。

　私は2014（平成26）年に教育委員会の指導体制と学校の組織文化の影響

関係を調査した（千々布、2015；千々布、2017）。秋田県、福井県を含む6道府県の中学校を無作為に抽出し（各50校）、全教師に回答することを依頼した（回収率87.8％）（図4）。

　因子分析により抽出された学校文化の要素は、"使命責任共有""公開省察規範""同僚性""裁量性""多様性""慣習性"の六つであった。それらの6都道府県ごとの平均を求めると、使命責任共有は秋田県と福井県が、公開省察規範と同僚性は秋田県が、他の都道府県に比して有意に高いことが示された。ネガティブな文化である慣習性は秋田県と福井県が他県に比して有意に低いことが示された。秋田県と福井県は使命責任共有、公開省察規範、同僚性というポジティブな文化が高く、慣習性（従来のやり方に縛られている）というネガティブな文化が低い。調査で明らかになったのは学校文化の高さだけではない。校長のリーダーシップ（授業研究の推進には管理職のリーダーシップが機能している）は秋田県と福井県が他道府県より有意に高く、授業研究への意識（教員たちは授業研究に意欲を持って取り組んでいる、指導案の検討会により皆が高まっている実感がある、指導案の検討過程で管理職は相談にのってくれる、研究授業後の検討会では真摯な議論が展開されている、授業研究にはやらされ感がない）も両県の意識が他道府県に比して高い。これらの学校文化は学校の空気につながっている。

　以上を総合すると、校長のリーダーシップが職員に受けとめられ、目的意識が一致して授業研究に取り組んでいる姿が浮かびあがる。学校経営も学校文化も良好ななかで、すべての教師が力量を高めている。学校の空気にも校内研究の取り組みにも、校長のリーダーシップが影響することは容易に想像できる（それを指摘する先行研究は多い）。教育委員会の指導体制は校長のリーダーシップに影響し、校内研究水準は教育委員会の指導体制と校長のリーダーシップの影響を受けながら高まっていく。それが学校の空気に影響し、授業の水準を高めて、最終的に児童・生徒の学力につながる、と解釈できる（図5）。

◆本書の執筆者たちは何を行ったか──教育委員会

　図5のパス図を見た教育委員会関係者の多くは、「そのような学校の訪問

図5　教育委員会の指導体制の学校への影響過程

指導はうちもやっている」と答える。確かに、学校訪問をやっていない教育委員会はない。計画的にやっていなくとも不定期に年間数十回学校を訪問している指導主事はいるし、担当学校を指導主事間で分担して集中的に担当校を訪問している指導主事もいる。だがそれらは「非効率な訪問」なのである。非効率な訪問において彼らに欠けているのが空気への配慮だ。空気に配慮せず、訪問だけを表面的に行っていたり、教育委員会の伝達事項を伝えるだけでその学校の実情に合った助言をしていなかったりする。どの学校にも変革に否定的な教師がいる。そのような教師の存在を認める空気が存在している。空気を変えるリーダーシップは、そのような教師を強引に変えようとはしない。変わりやすい教師から変えていき、徐々に空気に慣れさせるようにしている。学校に指導言を伝えること自体は必要だろう。だが、言葉を伝えること自体は人間が足を運ばずとも、文書を送るだけも十分だ。人間が足を運ぶのは、文書だけでは伝わらない、言葉だけでは伝わらないものを伝える、あるいは働きかけることが意図されている。

　学力が上昇している自治体は、学校を変えるという明確な目的のもとに学校訪問を含めた施策を推進している。

　沖縄県は全国学力調査の学力平均点の都道府県間順位が開始以来最下位となっていたが、2014（平成26）年度調査で小学校が24位、翌年には20位と躍進している。その要因が学力向上推進室の設置と秋田県との交流にあることはよく知られているところだろう（上江洲、2016）。

　沖縄県の学力向上推進室の設置は、秋田県の学力向上室に倣ったものである。沖縄県は2009（平成21）年から秋田県と交流している。沖縄県の教師を秋田県に派遣し、秋田県の教師を受け入れている。秋田県の教師の授業は勤務校の教師だけでなく沖縄県内各地から集まって参観している。毎年秋田

県を訪問し、秋田県の授業および教育行政に倣っている。2013（平成25）年度に設置された沖縄県学力向上推進室は12名体制（2018〈平成30〉年現在）で年間300件の訪問を行っている。教育事務所も独自の訪問を行っているが、教育委員会本課も直接訪問し県内の状況を把握すると同時に県の方針を伝えることを意図して行っている。沖縄県の指導方針は「授業改善6つの方策」などにまとめられ、学力向上推進室の訪問等を通じて伝達されている。私が2018（平成30）年1月に同県を訪問した際は、「めあてが定着してきている」「めあての書き方が問〇〇を解こうという表面的なものから変わってきた」「どういう振り返りをしたらいいかという質問が来るようになったのはよい傾向と受け止めている」という、秋田方式をきちんと理解した考え方による説明を受けた。加えて訪問する際は各学校のカルテを作成していることも感心した。全国学力調査の学校平均点に加え、当該学年が過年度に受けた県版学力調査の平均点も掲載されている。たとえば4年生時の平均点が県平均と比べて低かったのが5年生時に県平均同等、6年生の全国学力調査で県平均を上回れば、その学年の指導が向上していると解釈できるだろう。私はそのような成績を示している学校の訪問に同行させていただいたが、予想どおりに校内は落ち着き、授業においてはめあての提示を含めた板書が整っている様子を観察できた。何よりも感心したのは、一連の施策を説明する目取真室長（当時）の姿勢である。県の学力を向上させようという強い意志とその推進に当たってうまくいっているところといっていないところを腹蔵なく説明し、それを改善するための視点を得ようとする意欲を感じた。そのような経緯で私は今回の編纂で第一に執筆をお願いしたのは目取真元学力向上推進室長、現北中城小学校長である。

　大分県との出会いは、文部科学省から同県に教育改革・企画課長として派遣された佐野壽則氏との交流に始まる。佐野氏は大分県で自身が取り組んだ改革を『未来を切り拓く力と意欲の向上に向けて──大分県の教育改革』（悠光堂、2015年）にまとめた。私は佐野氏が派遣時からさまざまな問い合わせを受けてきた経緯もあり、同書の寄贈を受けたのだが、拝読して驚いた。私が想定する学校訪問改革を定員増を含めて実現し、その成果として大分県の小学校の学力調査平均は2007（平成19）年に都道府県中44位であっ

たのが2013（平成25）年に24位、2015（平成27）年に15位となっている。佐野氏が実施した組織改革は、各教育事務所の指導主事を1名ずつ増員し、その任務を学校経営の改善指導に特化した。加えてそれまでの教育事務所の学校訪問指導は要請を受けた学校のみを対象に授業研究の指導を中心に行っていた体制を、年に3回計画的に訪問することとし、訪問時は学校経営計画に関する指導を中心に行うことにした。加えて授業については秋田県に倣った「新大分スタンダード」を策定し、県下に普及した。佐野氏の書を拝読した私は、大分県の様子を直接確かめようと2015（平成27）年7月に大分県を訪れた。教育事務所の計画訪問に同行させていただき、通常授業の様子とその観察を踏まえて教育事務所の所長および指導主事が指導する様子を参観させていただいた。訪問指導の様子も授業の様子も若干堅さを感じさせるものだったが、私の目には改革が着実に進行しつつある状況に映った。大分県の全国学力調査の都道府県間順位は2016（平成28）年度に22位まで落ちたが、翌2017（平成29）年度に13位、2018（平成30）年度に11位となっている。私のこれまでの聴取内容を総合すると、一連の改革を主導したのは、教育改革・企画課長の佐野氏と当時義務教育課長であった後藤榮一氏（現・教育次長）になろう。佐野氏は教育事務所改革、後藤氏は授業改革を担当した。今回の執筆をお願いしたのは、後藤氏の後任で義務教育課長となった米持武彦氏である。氏は私の2015（平成27）年訪問時に教育事務所長を務めていた。教育事務所長としての説明の姿に感心していたら、予想どおりに次のポストが義務教育課長であった。おそらく現在は後藤次長と二人三脚で大分県改革に取り組んでいるのではないかと見込み、米持課長にお願いすることとした。

　高知県を訪問したのも2015（平成27）年のことである。高知県の小学校学力調査の平均は2010（平成22）年にそれまでの44位から21位に躍進して一挙に注目を集めていた。なかなか機会に恵まれなかったが、総合教育会議に招聘を受けて高知県を訪問できた。それ以前から教育委員会関係者にインタビューして想像していたが、高知県における尾崎知事のリーダーシップの発揮はすごいものがある。高知県の躍進の要因に知事のリーダーシップが存在しているのは明らかであるが、これまでの関係者へのインタビュー内容

を総合すると、高知県の改革主導者は2009（平成21）年度から2013（平成25）年度まで小中学校課長を務め、2014（平成26）年度から教育次長となった永野隆史氏であるようだ。永野氏は定年後も知事の信任を得て教育次長を続け、2019（平成31）年度から現在の高知大学に異動している。永野氏の改革のなかで最も大きいのは2012（平成24）年度に開始した県版学力調査と学力調査と連動した学校経営計画の指導にある。県版学力調査は年度末の1月に実施し、そのデータを元に新年度の学校経営計画を策定するようにした。そのほかにも氏が手がけた施策は多いだろう。直接お会いすると、実に歯切れのいい方だった。氏が「思いっきりやらせてもらった」と語る背後に知事および教育長の信任とリーダーシップがあるのは間違いなく、そこで思いっきりやった氏のリーダーシップ自体も大きなもののはずだ。

　北海道との交流は2010（平成22）年度から4年間文部科学省から北海道に出向した武藤久慶氏との縁で始まった。武藤氏は北海道で教育政策課長、義務教育課長、学校教育局次長を務めている。前二者のポストは文部科学省若手が地方出向する際によく見かけるパターンだが、武藤氏は局の次長ポストにまで昇っている。義務教育課長ポストに異動するのはかなり信用された場合でないとむずかしいのに、武藤氏はよほど北海道で信用されたようだ。武藤氏の改革は、佐野氏が手がけた大分県とは異なり、地道に現場を行脚するなかから生み出された。武藤氏は高校生が就職することになる飲食店や運送業者にインタビューした。するとマニュアルが読めない、客の注文の反復ができない、消費税の計算ができない、燃費の計算ができないなどといった、仕事に就くうえで最低限要求される技能に欠ける高校生が多いこと、それゆえに採用したくても採用できない高校生が多い状況が見えてきた。武藤氏はインタビューデータに加え学力調査等から得られた低学力の実態を示すデータを元に、道内各地を行脚して訴えて回った。北海道は小中学校ともに都道府県間順位は沖縄に次いで低位であったのが、近年小学校は41位まで、中学校は22位まで上昇している。その施策について、北海道教育委員会の皆さまに紹介していただくことにした。

　埼玉県の施策は他県の施策と一線を画し、国が実施している学力調査と発想の異なる独自の学力調査を実施している。通常の学力調査は測定時点の学

力を測り、他者（主に平均点）と比較して評価するが、埼玉県は子ども自体の学力の伸び率を測る学力調査を開発し、実施している。家庭環境などの要因で低学力の子が多いのだががんばっている、と評される学校は多いが（志水宏吉「効果のある学校」）、そのがんばりを客観的に評価する指標を開発した。その開発秘話とそれを実現するための教育委員会内部での奮闘ぶりを、文部科学省から埼玉県に教育政策課長として派遣され、同施策の実施に尽力した大根田頼尚氏に語っていただいた。

　福岡県北九州市との交流は2016（平成28）年に当時文部科学省より出向していた則本指導企画課長の要請を受けて、先進自治体における学校指導体制のレクを行ったときにさかのぼる。教育委員会の学校訪問体制の全国傾向と、秋田県、福井県における学校訪問体制の充実ぶりを紹介し、秋田県、福井県に倣って独自の体制を構築しつつある自治体の事例を紹介した。翌年ふたたび則本課長から要請を受けて訪問したのだが、そこで説明を受けた北九州市の改革施策は、私が前年に進言したものをほとんど盛り込み、さらに私が訪問していない自治体の事例まで参考にしたものだった（なかでも文部科学省の先輩である佐野氏の大分改革に学んだところが大きい）。改革の要は12名の新設部署「学力・体力向上推進室」である。そのほとんどは既存定員の活用で純増は少ないとのことであるが、既存定員を提供することになる他部署との交渉、純増を得るための人事部局との交渉はさぞむずかしかったことであろう。それを北九州市教育委員会は成し遂げた。新設された学力・体力向上推進室は、所轄下の小中学校を年3回訪問することとした。訪問に当たっては部課長クラスも同行している（そのための新部署創設である。部課長クラスは兼務となっている）。実際に訪問した担当者に話を聞くと「楽しかった」「訪問の度に学校が変わってくるのがわかって手応えを感じた」というものばかりだった。訪問校ではネガティブな反応がなかったはずはないが、それ以上に手応えを感じたゆえに、ポジティブに受けとめているのだろう。北九州市の施策について学力・体力向上推進室の皆さまに紹介していただくことにした。

　兵庫県尼崎市の取り組みは則本氏から紹介を受けた。則本氏自身が尼崎市に足を運んだのが複数回、最後には北九州市の教育長も尼崎市を訪問し、尼

崎市の施策を学んでいる。私自身は2018（平成30）年に尼崎市を訪問し徳田耕造教育長にお目にかかった。想像のとおり、それ以上のパワフルな方だった。徳田氏は校長から教育委員会の課長に転任したのが2004（平成16）年。以来ずっと教育委員会で働き続け、2011（平成23）年から2018（平成30）年まで教育長を勤めている。徳田氏によると、5千万で始めた学力向上のための新規事業がその後増加し続け、2018（平成30）年度現在で2億になっている。市の予算査定ではまず教育予算が確保されるため、予算に苦労することはないとのこと。放課後学習支援や土曜チャレンジスクールなど生徒の学びの機会を増やすと同時に教師の力量向上のために指導力向上事業、先進校視察事業や教員補助員を配置する事業も行っている。指導主事は毎年2回訪問し、年度当初訪問では学校の経営方針の確認、秋の訪問では学力向上施策の推進状況の確認を行っている。これらの施策のおかげで全国学力調査平均点は小中学校ともに全国平均より下であったのが上昇し続け、中学校では全国平均相当の結果を示すようになっている。膨大な施策のオンパレードを提示しながら「これらの施策は一切つぶしてもいい」と語る柔軟性になお圧倒された。退任直後でまだ疲れは癒えていないだろうが、徳田氏に尼崎市で取り組んだ施策の数々について語っていただくこととした。

　埼玉県戸田市も尼崎市同様に多彩な施策を推進している。その原動力になっているのが戸ヶ﨑勤教育長である。戸ヶ﨑教育長は連日facebookに自ら投稿するなど、意欲的に施策の普及活動を行っている。その施策は多岐にわたっているのだが、私が一番注目しているのは教育政策室の新設だ。4名の定員中3名が純増とのこと。しかもそのメンバーを教育行政専門官というポストで公募し、大学院出身の研究技量の高い人材を登用している。当然教育委員会内部、首長部局でも反対意見があったのだが、教育行政専門官の採用面接をした市長が「今の幹部より優秀だ」と評するほどの人材が集まる状況になっている。戸ヶ﨑教育長自らに、現在の戸田市の施策を語っていただくことにした。行間から教育長の膨大なエネルギーが伝わってくるはずである。

　大阪府茨木市は2007（平成19）年度から学力向上の取り組みを行っている。平均点を上げるのでなく、低学力層の底上げを意図した改革を続けてい

る。施策のリーダーシップを担っているのは一貫して執筆者である加藤拓学校教育部長だ。氏は改革に取り組みだした時期は課長補佐の立場であったが、次々に改革案を出し、市長、教育長、校長たちの支持を得てきた。契機は2007（平成19）年度の全国学力調査で茨木市の平均は大阪府を上回っていたものの上位層と階層の格差が大きいことが明らかになったことにある。そこで学習支援員やスクールソーシャルワーカーを措置する施策を立ちあげ、6年間で小中学校ともに当初の目的である学力低位層の改善に成功している。その成果は2014（平成26）年度に刊行された『「一人も見捨てへん」教育』（志水宏吉監修、茨木市教育委員会著、東洋館出版社）で紹介されるほかテレビ等でも紹介され、全国的な注目を集めている。加藤部長に図書刊行以後の流れを中心に語っていただくこととした。

　大阪府枚方市は茨木市に倣って改革に取り組んでいる。奈良渉教育長自ら茨木市を何度も訪問した。加藤部長の施策は人的措置が多かったが、奈良教育長は校長出身であることを生かし、学校訪問改革等の施策を打ち出した。枚方市がモデルにしたのは茨木市であるが、結果として成立している施策は秋田県や沖縄県に近い。各学校の学力調査のデータを経年比較するグラフを作成して見える化し、校長との面談や学校訪問の機会を増やした。面談の際は学力調査のデータを使用して学力向上を求めた。枚方市に限らず大阪府では学力向上という言葉自体にアレルギーを示す教師や校長が多い。奈良教育長はそのような意識自体の変容をめざしている。奈良教育長に枚方市の施策を語っていただくことにした。

　福岡県春日市は市全体でコミュニティスクールを推進していることで有名だ。『コミュニティスクールの魅力』（ぎょうせい、2011年）、『市民とともに歩み続けるコミュニティスクール』（ぎょうせい、2017年）、『子供が育つ開かれた教育行政の展開』（春日市教育委員会、2018年）などの図書を刊行している。一連の図書を拝見すると、実施しているのはコミュニティスクールだけでない、さまざまなステイクホルダーを有機的に関連づけて学校教育を活性化させる施策を推進し、それが効果を示していることがわかる。本書では教育委員会担当課の清尾昌利氏に執筆をお願いした。

　埼玉県神川町の福嶋慶治教育長とは後述する丹荘小学校との交流のなかで

出会った。アイデアマンである福嶋教育長は学び合いを含めた多様な施策を町内で展開している。福嶋教育長に神川町の施策について語っていただくことにした。

◆本書の執筆者たちは何を行ったか──学校

　本書の主目的は学力向上に成功した自治体の教育施策とリーダーシップを紹介することにある。施策が推進されると、その自治体内のすべての学校の水準が高まるわけではない。改革の波及は当初一部にとどまり、徐々に他校にも伝播していく。私は秋田県、福井県との交流が長いが、交流を深めるほどに学校間格差に気づかされる機会は多い。むろん、他県の格差に比べるとはるかに小さいのだが、すべての学校が水準以上の授業を実施している体制の実現は不可能と言っていい。それでも、全体的に従来の水準を超える実践ができるようになっているのが学力上位県であり、それに準ずる状況を生み出すことに成功しているのが学力上昇県、学力上昇市である。

　では、上記のような教育委員会の施策と関係なく、校長が学校を変えようとすることは可能か。むろん可能である。有能な校長が学校を変えた事例は多い。学校を変えることに成功した校長にインタビューすると、トップダウン的に施策を推進したと語る校長とボトムアップを心がけたと語る校長がともにいる。どちらの施策が有効なのかと、一時期は悩んだのだが、結論は施策にあるのでなく校長個人の魅力、意欲、人柄が職員に受け入れられたことにあると、最近は考えている。だから、施策を聞くだけではその学校の改革の真の要因はわからない。誰が、どのように考え、相互作用が生じたのかを探り出さないといけない。教育委員会は施策で優劣が決まる。大きな組織を個人的資質だけで動かすことはできない。だが、職員数20名程度の小さな組織は校長という親方が右と言えば右、左と言えば左に動く集団になることは可能だ。本書では、そのような校長「ではなく」、施策で学校を変えることに成功している校長に執筆を依頼した。

　ちなみに、私自身は学校から依頼を受けて、年間10回以上特定の学校を訪問した経験が複数ある。そのような訪問を2〜3年続けて、何も変わらなかった場合がほとんどだ。一方、たった1度の訪問で変わり、2度目の訪問

で劇的に変わったこともある。違いは明白だ。校長のモティベーションとリーダーシップである。校長が現状を変えようと意図し、その方向性が私のめざすところと一致していたら、一度のレクチャーで一部の教師にすぐに伝わる。その教師を基点にして、当初反応がよくなかった他の教師に徐々に広がっていく。その過程を校長が後押ししている。対して校長が現状を変えようと思っていない、あるいは現状を変える気のない教師にリーダーシップを発揮する意欲がない、もっと明確に言うと、教師の言いなりになっている校長は何を言っても変わらない。変える気がないのに校内研修の外部講師の枠を埋めればいい程度の考えで私に連絡してきている。空気を変える気のない校長といくらつき合っても仕方がない。それは人事権を有する教育委員会に任せるしかない。私がつき合う意義のあるのは空気を変える意欲を持ちながら、個人的資質に若干足りないところがある校長を応援することだ。実は、そのような校長との交流を通じ、短期間のうちに学校を大きく変える成功体験を最近は複数持つことができるようになった。そこで、本書の後半部分にそのような学校の成功体験事例を掲載することとした。

　これらの学校の共通項は、主体的・対話的で深い学びの実現に取り組んだことにある。いずれも以前は講義形式の教え込みの授業が多かったのだが、学力向上をめざしてアクティブ・ラーニングに取り組むなかで私と出会い、それぞれ独自の授業スタイルを確立したものである。

　日高市立高麗中学校は、私が主体的・対話的で深い学びに取り組みだした最初の学校だ。この学校との交流で私は自分なりのやり方に手応えを感じることができた。私がこの学校に勧めた方法は、効果的なペア・グループワークの活用である。中学校は教師が板書で長々と説明する授業が多い。知識を伝達することだけで目的を達成できると思っている。授業のなかには知識・技能の習得を目的とする場面もあるからその場合はいいのだが、思考力・判断力・表現力を育成すべき場面で知識伝達型の授業になっている場合が多い。本来的には授業における目的を自覚する＝教材研究でその問題を解決しないといけないが、教材研究を重ねても知識伝達の授業が改善しないことが多い。そこで、この学校では少々強引にペアワークやグループワークを授業の流れのなかに取り入れることをお願いした。教師によっては問題集のコピ

ーを配布してペアワークで解くように指示する者もいたが（むろん、それではだめだと指導したが）、要領よくグループワークを授業に取り入れることのできた教師もいた。驚いたのは、その授業が生徒に莫大な支持を得たことだ。その教師の授業のときだけ登校する不登校の生徒が出た。研究発表会のときに私に握手を求める生徒がいた。授業が楽しくなったことの感謝だと言う。私がやったのはほんの少しのテクニックを伝達しただけで、教師自身の工夫が大きいはずだが、これほどの反応を得ることに驚いた。

そこでペア・グループワークの効果に関心を持つようになった私は、いわゆるアクティブ・ラーニングの先進校と交流しようとした。それが福岡県の東光中学校と和歌山県の宮原小学校である。両校のアクティブ・ラーニングは校長の発案で始まり、私の訪問時には全校的に定着していた。東光中学校は元主浩一元校長が改革を主導し、宮原小学校は藤井英之校長の時代に改革が始まり、当時の教頭であった下田喜久恵氏が現在の校長になって藤井校長時代の実践を引き継いでいる。

福岡市立東光中学校は元主校長が赴任した当初荒れていたとのこと。それが、改革3年目となる私が訪問した当時はすっかり落ち着いて、学力も市内上位に位置するまでになっていた。私が一番感心したのは、生徒同士の結びつきの強さと教師の意欲の高さである。授業の冒頭に教師がワークシートを配布し、生徒は思い思いにペアやグループを組んで相談しながらワークシートを解決していく。ワークシートが配布されたらすぐに教室の前方から後方に歩いていく生徒がいる。学力的に課題のある最後列に座っている生徒を支援するために、その生徒は毎回やってきている。ワークシートを前日に配布していたら、ほとんどすべての生徒が家庭で解いてきてしまっていた授業もあった。その教師の熱意が生徒に指示されているゆえんの現象である。生徒同士の関係、生徒と教師の関係が濃厚だ。そのような学校を構築した元主氏に学校づくりの過程を語っていただくことにした。

有田市立宮原小学校の藤井校長は多様な研究会にかかわってきた経験を生かし、彼独自のアクティブ・ラーニング方法を編み出している。同校には学習メニューと称する単元計画表があるが、その単元計画は児童のためにつくられたものだ。児童が1時間ごとの学習の目標と学習課題を自覚し、ワーク

シートとして配布された学習課題をグループワークのなかで解いている。児童の自律性は高く、教師がいない教室でも教師がいる教室と同様の授業が流れている（この教室の様子は感動的だ）。児童同士のグループワークで解決できない場合だけ教師が解説することになるが、それも児童からの要請があった場合に限られる。藤井校長は定年後**和歌山大学教育学部附属中学校**の非常勤教員になった。そこでは、さらに強化した藤井式アクティブ・ラーニングを実践している。学習課題を解決するための生徒同士の話し合いの持ち方を複数提示し、どれを選択するかまで含めて生徒の意思決定にゆだねている。授業の冒頭は各グループの代表生徒が集まって短時間のうちに授業の進め方を決定し、あとは生徒のグループワークで進行している。教師の役割はグループワークで取り組む膨大な資料の準備と（藤井氏の教科は社会科であり、毎時間10枚近くの資料をプリントして生徒に配布している）話し合いの選択肢まで含めた学習メニュー作成までであり、授業の流れの大部分は生徒主導であり、最後の数分だけ教師が生徒の学んだ内容を確認し、解説している。

　これら4校では、ペアワークとグループワークの効果的活用により子どもの学習意欲と対話による学びの深まりが見られた。しかし、ペアワークやグループワークの入れ方が定型的になる傾向や、思考力・判断力・表現力を育成すべき場面で知識・技能に偏したワークシートに関する学習にとどまるなど、課題も見えてきた。そのような課題を克服し、学びの質を高める観点を持ちながら主体的・対話的で深い学びの実現に向けて交流したのが、埼玉県の丹荘小学校、枚方市の香陽小学校、楠葉西中学校、中宮中学校の4校である。

　神川町立丹荘小学校は、現教育長の福嶋慶治氏が校長時代から学び合いに取り組んできた。後任校長の小柳百代氏の代から交流することになったが、学び合いが十分定着しているとは言いがたかった。ペアやグループワークを入れているものの、教師が中心になって進める授業の流れのなかに単純に新たな流れを加えているため、時間が超過したり、グループワークにおける相談の様子が堅かったりした。年間3回の交流のなかで、それらの課題を修正することを働きかけ、みごとに定着していった。

枚方市立香陽小学校、枚方市立楠葉西中学校、枚方市立中宮中学校の3校との交流は、奈良教育長の取り組みに関心を持ち、枚方市を訪問しているうちに同市のアドバイザーを依頼された経緯で始まった。同市は「Hirakata授業スタンダード」を策定し、各学校が取り組んでいる。スタンダードに従って水準の高い授業を達成している学校もあるが、スタンダードを表面的になぞることが目的になっている学校が見られた。私が3校とかかわる際に意識したのは、その表面的な授業の流れを授業の目的に即したものに変容させることである。そのために私は、ペアワークやグループワークの定着よりも、単元計画のなかで育てる子ども像を明確に意図して授業をデザインすることを求めた。3校それぞれに変容が見られ、それぞれの1年間の取り組みを紹介していただくこととした。

　加えて本書では、私がアクティブ・ラーニングの実践校として参考にした2校にも取り組みを紹介していただいた。**桐蔭学園**は元京都大学教授で現在は桐蔭学園理事長となっている溝上慎一氏が指導し続けている学校だ。私はアクティブ・ラーニングについて学びだした当初から溝上氏に教えを請い、桐蔭学園の授業を参観させていただいた。桐蔭学園の取り組みについて、川妻篤志氏に紹介していただくこととした。**大妻嵐山中学校・高等学校**は元東京大学准教授で現在は立教大学教授の中原淳氏が指導している。中原氏は人材開発・組織開発が専門だが、アクティブ・ラーニングにも取り組んでおり、氏が指導する学校の一つが大妻嵐山校となる。同校の取り組みについて、真下峯子校長に語っていただくこととした。

　本書で取りあげた学校は、すべて学力が上昇しているわけではない。だが、校長の強いリーダーシップのもとで職員のモティベーションが高まり、学校全体の空気が変わってきていること、主体的・対話的で深い学びに取り組み、定着してきていることが共通している。これらの学校の事例からも学力向上のヒントが得られるはずだ。

《参考文献》
(1)　猪木武徳『自由と秩序――競争社会の二つの顔』中央公論、2001年。
(2)　上江洲朝男「沖縄県学力向上推進における課題改善方策の有効性」「沖縄県教育実

践総合センター紀要第 23 号」2016 年。
(3) 　太田あや「秋田県、学力の奇跡（前編・後編）」『週刊文春』2015 年 10 月 29 日号、11 月 5 日号、文藝春秋社。
(4) 　田中博之代表（2011）「全国学力・学習状況調査において比較的良好な結果を示した教育委員会・学校等における教育施策・教育指導等の特徴に関する調査研究」平成 22 年度文部科学省委託研究報告書、2011 年、http://www.mext.go.jp/component/a_menu/education/micro_detail/__icsFiles/afieldfile/2014/02/17/1344297_012.pdf。
(5) 　千々布敏弥（2011A）「都道府県・指定都市教育委員会の調査結果」「国立教育政策研究所『教員の質の向上に関する調査研究報告書』」2011 年。
(6) 　千々布敏弥（2011B）「校内研究等の実施状況に関する調査の結果」「国立教育政策研究所『教員の質の向上に関する調査研究報告書』」2011 年、http://www.nier.go.jp/kenkyukikaku/pdf/kyouin-003_report.pdf。
(7) 　T. Chichibu & T. Kihara（2013）"*How Japanese schools build a professional learning community by lesson study*", International Journal for Lesson and Learning Studies, Vol. 2-1
(8) 　千々布敏弥（2014A）「授業研究とプロフェッショナル・ラーニング・コミュニティ構築の関連――国立教育政策研究所『教員の質の向上に関する調査研究』の分析結果より」国立教育政策研究所紀要第 143 集、2014 年、https://www.nier.go.jp/kankou_kiyou/143-500.pdf。
(9) 　千々布敏弥（2014B）「校内研究としての授業研究の現状と課題」日本教育方法学会編『教育方法 43　授業研究と校内研修』図書文化社、2014 年。
(10) 　千々布敏弥（2014C）『プロフェッショナル・ラーニング・コミュニティによる学校再生――日本にいる「青い鳥」』教育出版、2014 年。
(11) 　千々布敏弥（2015）「都道府県と市町村教育委員会による指導行政の現状と学校の組織文化」国立教育政策研究所編「『地域とともにある学校』の推進に向けた教育行政の在り方に関する調査研究」2015 年、https://www.nier.go.jp/05_kenkyu_seika/pdf_seika/h26/1-2_all.pdf。
(12) 　千々布敏弥『若手教師がぐんぐん育つ学力上位県のひみつ』教育開発研究所、2017 年。
(13) 　露口健司『学校組織のリーダーシップ』大学教育出版、2008 年。
(14) 　苫野一徳『「学校」をつくり直す』河出書房新社、2019 年
(15) 　山本七平『「空気」の研究』文藝春秋社、1977 年。

2章 教育委員会の取り組みで学力急上昇

2章　教育委員会の取り組みで学力急上昇

《沖縄県》

全国学力調査最下位の衝撃から10年

沖縄県北中城村立北中城小学校長／元沖縄県教育委員会学力向上推進室長　目取真　康司

1. 黒船の来航——全国学力・学習状況調査の衝撃

(1) まさか最下位とは

2007（平成19）年、沖縄県全土に衝撃が走った。その年50数年ぶりに行われた全国的な学力調査、全国学力・学習状況調査において沖縄県は最下位となったのだ。学力の向上に無関心であったわけではない。むしろ沖縄県の教育における最重要課題は学力であるとして、沖縄県はそれまで30数年以上も学力向上対策に全力を注いできただけに衝撃が走らないはずがない。当然ながら教育行政や学校に対する不信感が一気に広がった。

(2) 追いかけるべき指標の変化に気づかなかった

沖縄県の学力向上対策の何が問題であったのだろうか。当時の沖縄県教育委員会、とくに義務教育課はその分析を迅速に行っている。分析結果は多角的な視点から行われたが、その要因の一つとして、沖縄県の学力向上の取り組みが「基礎・基本の定着」に偏りすぎていたことをあげている。当然ながら基礎的・基本的事項の定着は学習において不易の要素だと言っていい。しかし、時代は、いわゆる基礎的・基本的事項の習得のみならず、それらを活用し思考力・判断力・表現力等を育成する方向にシフトしていた。沖縄県においても、そのことを問題視し、積極的に取り組んでいた学校がなかったわけではない。しかし、新たな時代の学力観に対する意識は県全体としては低かったと言わざるを得ない。全国学力・学習状況調査は、その追いかけるべき指標の変化に気づかせ、その後の学力向上の施策に大転換を図る大きな転機となった。その意味において、全国学力・学習状況調査の実施は沖縄県の教育にとって、まさに江戸末期、日本を開国に導き、その後の文明開化に大きな影響を与えた「黒船の来航」に例えたくなるようなインパクトがあったと思っている。

2. 課題解決への迅速な動き

(1) 他県への視察

　調査結果の衝撃は大きかったものの、それ以降の沖縄県の動きは速く、学力向上の施策を根本から変えるべく動き出している。

　まず、秋田県を筆頭に、茨城県、福井県、大分県、新潟県、岐阜県、福岡県、高知県など、全国各地への視察を精力的に行い県の施策に生かしている。他県の質の高い施策を積極的に取り入れ加工修正するなど、常に施策をブラッシュアップしている。

(2) 大きかった「秋田県」との人事交流

　なかでも、秋田県と提携した人事交流は、その後の沖縄県の学力の回復に大きく寄与したと考えている。当時、最下位の県がいきなりトップ県から学ぶということに対して、少し背伸びをしすぎではないか、沖縄県と似た課題を持っている都道府県と交流することが現実的ではないか、などの声もあがっていたらしいが、当時の教育長および義務教育課は「トップから学ぶこと」に徹底してこだわり反対意見を押し切ったという。このときの決断は明らかに「吉」となり、沖縄県はその後、秋田県・沖縄県人事交流から多くの学びを得ることになるのである。

　秋田県には当時、沖縄県以外の都道府県からも、人事交流の申し入れがあったとのことだが、「沖縄県の学力の課題解決に寄与したい」と、沖縄県との人事交流を快諾していただいたと聞いている。貴重な人材を毎年2人も派遣することが秋田県にとって痛くないはずがない。そうであっても、自分たちの力を必要としてくれるならと援助の手をさしのべようとする秋田県の懐の深さを感じずにはいられない。2019（平成31）年の現在も、毎年秋田県からは2人の教諭を派遣していただき、そして沖縄県からも2人の教員を派遣させていただくという人事交流は継続している。沖縄県から秋田県に派遣した教諭のほとんどが、現在、指導主事または管理職等の役割を担いながら、本県をリードする貴重な人材へと成長していることを考えると、秋田県への感謝を忘れてはいけないと常々思うところである。

(3) 授業スタンダード、そして「揃える」ことの重要さ

　秋田県との人事交流から得られた成果ということを考えるときに、まずは、授業スタンダードなどを含め、「揃えることの大切さ」だと考えている。たとえば、秋田県においては、いつ、どのような授業を参観しても「めあて」、そして「まとめ」「振り返り」が徹底して行われている。それまで沖縄県においては、「まとめ」「振り返り」を時間内に終わらせることのできない授業が多かった。こうした秋田県の授業スタンダードのよさを学び、その後の沖縄県は徹底した授業改善にシフトしていっている。

(4) 行事の精選、部活動の適正化──秋田人事交流からの学びを「提言」へ

　また、沖縄県に派遣された秋田県の先生方からは、沖縄県の学校における行事の多さや部活動の練習時間の長さなど、沖縄県特有の学校風土上の課題について、それらを適正化する、または整えていくことの重要性についても示唆を与えていただいた。

　そのことを受け、沖縄県教育委員会は、毎年行われる「学力向上推進本部会議」より「提言」という形で学校現場に問題提起をしている。学校は「提言」を受けて、たとえば行事を精選するとともに本番に向けた練習等については計画時数内で行うこと、また、部活動の活動時間を明確にしたり、休息日を設定するなど適正化させたりしてきた。行事や部活動が適正化されたことにより、時間的なゆとりが生まれ、年度末には1年間の学習のまとめを行う「レディネスを揃える取り組み（1年間学習してきた内容を定着させる取り組み）」がじっくり行えるようになったことも大きな変化であった。

(5) 学力向上WEBシステムの活用

　その頃、WEBシステムを活用した定期的な学力診断とITを活用した学力向上推進も取り入れることになった。これも秋田県から学んだものである。

　授業改善には客観的な指標が不可欠である。WEBシステムの活用を通して、定期的に児童・生徒の学力状況を県の平均値と比較することで、授業の分析・改善に繋げている。沖縄県では現在、全県的な学力調査や意識調査がWEBシステムの活用を通して行われており、4月に行われる全国学力・学習状況調査も全国の結果を待たずして、実施後すぐに学校で採点を行い

WEBシステムにアップすることで、県の平均等から自校の課題を分析し、授業改善につなげている。

　沖縄県の学力向上の成果について考えるとき、教育行政が迅速に課題に対応したこと、時代の流れをとらえて先を見通した対策を打ったことが大きかったと考えている。

3. とにかくがむしゃらに──県教委の本気度を学校現場に浸透させる

(1)　壁を越えられない

　沖縄県が最下位になった後、その動きは迅速であったものの、全国学力・学習状況調査が始まってから6年経った2013（平成25）年時点においても、小学校、中学校ともに全国との差は縮小してきているものの、最下位から抜け出すことができない。子どもたちの学習の姿勢は明らかに向上してきている。管理職の学力向上に対する意識の高さも以前とは比較にならない。しかし、もう一歩が越えられなかった。

(2)　最下位脱出宣言と学校支援訪問

　そこで、当時就任した諸見里教育長はあらゆる場で「最下位脱出」を宣言し、同時に義務教育課に「学力向上推進室」を立ちあげ指導主事を増員した。また、時の学力向上推進室の宮國室長は、県教委の指導主事が県下の学校を直接訪問するという取り組みを始めた。「学校支援訪問」と呼ばれたこの学校訪問はあらゆる意味で型破りだった。

(3)　緊張感と一体感を生み出した「学校支援訪問」

　それまでの県教委による学校訪問は年に数校であった。しかし、この学力向上推進室による学校支援訪問は年間300校にのぼり、訪問先は離島僻地とて例外ではなく、日常の授業を観察し助言するという目的から、指導案は求めなかった。また、訪問には指導主事だけでなく、義務教育課の課長や室長、そして主任といった役職も頻繁に訪問メンバーに加わり、時に教育長、教育統括監といった県教委の上層部までもが参加することもあった。こうした県教委のがむしゃらともいえる姿勢が市町村教育委員会、地区教育事務所、そして学校に緊張感をもたらせないはずがない。

県が直接学校訪問するねらいは三つあった。一つは、授業や子どもたちの様子を直に確認すること。二つ目が、県の施策がどれだけ現場に浸透しているのか肌感覚でとらえること。三つ目が、現場にもう一歩本気で取り組む緊張感を与えるカンフル剤としての役割、つまり学校や市町村教育委員会の背中を押すことである。県教委の本気度を県全体で共有するには推進室のこのがむしゃらさは必要だったように思う。この学校支援訪問は現在もなお継続されている。

(4) ついに最下位脱出

こうした県教委の本気度が学校を突き動かし授業改善が進んだこと、行事の精選や部活動の適正化が図られたこと、レディネスを揃える取り組みを年度末にじっくり行うことができるようになったことなどが功を奏し、2014（平成26）年度には全国学力・学習状況調査において沖縄県は初めて小学校が全国の平均正答率を上回ることとなった。

4．揃える取り組み──授業スタンダードを隅々まで広げる

(1) シンプルだが理にかなった授業モデル

小学校において学力調査の結果が全国水準を維持するようになってきたものの、さらなる向上をめざすためには、まだまだ教師間に差のある授業力の差を埋める必要があった。教育行政が授業改善の旗振りに全力を注いでも、教師によって授業観に大きな差異があったり、指導主事の助言の視点に違いがあったりすると授業改善は進みにくい。授業の質を担保するためには、すべての教師が同じ視点で授業を進めていくためのスタンダードが必要だ。折しも全国学力・学習状況調査等の分析から、効果性の高い授業モデルがある程度見えており、そのモデルもやはり秋田県の授業である。授業のはじめに、「めあて」を示し、授業のおわりには学習したことを「まとめ」、自身の学びの過程を「振り返る」というシンプルだが理にかなった授業モデルである。

写真

（2） Windows95の普及になぞらえる

そのために推進室は、冊子「わかる授業Support Guide」（写真）を発行、全学校に配布し、年度初めに学校において全職員で確認するようお願いした。さらに翌年には秋田県の授業スタンダードを全面的に取り入れ「授業における基本事項」（図1）を作成した。これは1枚ものとし、初任者でもわかる平易な文言を用いて、一気に授業スタンダードを広める広告塔の役割を持たせた。とくに1単位時間内で「めあて・まとめ・振り返り」を確実に実施する「完結型の授業」に

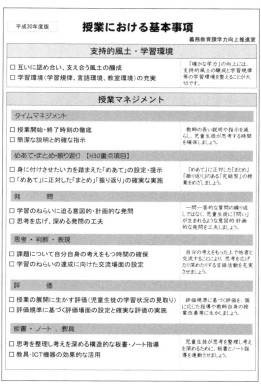

図1

力を入れ、学校訪問や各種研修等を通して繰り返し伝え続けながら浸透させていった。現在、学校においてはこの「授業における基本事項」をもとに、「授業スタンダード」を整えたうえで授業実践を行っている。

異なる授業スタイルをある程度揃え、誰もが実践できる共通項をつくる。これは、さながら、ビルゲイツがパソコンメーカーごとの規格の違いや、使用できる機器やソフトの規格をWindows95により互換性をもたせたことで、パソコンを爆発的に普及させたことになぞらえられるものではないかと思っている。

5. 今後の学力向上の方向を探る

(1) 学力向上推進プロジェクトの立ちあげ

こうした課題を解決すべく、2017（平成29）年度より「学力向上推進プロジェクト」が新たな施策として立ちあがった。より「授業改善」に特化し、具体的な六つの方策を明確にして取り組んでいる（図2）。

(2) 特別活動の要素を取り込む

プロジェクトの六つの方策の一つに「集団づくり・自主性を高める取組の充実」があり、このプロジェクトの特徴と言ってもい

図2

い。学びには集団のもつ力が大きく影響していることは明らかであり、そのことは年間約300校の学校を訪問した実感である。たとえば生徒会活動が活発な学校では、生徒が生き生きと学ぶ姿が見られるし、部活動の加入率が高い学校も総じて学力が高い。学級における支え合う雰囲気、いわゆる支持的風土の高い学校、学級もその例外ではない。そのことを方策に盛り込まない手はない、ということで特別活動の視点を取り入れた取り組みを「方策5」とし、とくに生徒会活動の活性化については義務教育課に専門の指導主事を配置して力を入れて取り組んでいる。

(3) 千々布敏弥研究官との出会い

プロジェクトを進めるなか、千々布先生編集の『若手教師がぐんぐん育つ

学力上位県のひみつ』（教育開発研究所）より、中学校の学力課題を考えるうえで多くの示唆をいただいた。さっそくその年開催される沖縄県の全指導主事が対象となる講演会の講師としてお招きすることとなったが、先生から講演会だけでなく学校を訪問して授業のようすを参観し、職員と懇談もしたいとの提案をいただいた。渡りに船とばかりに、複数の学校の訪問と、その感想をいただいた。先生からは、若手、臨時的任用を含めたほとんどの教師が県の施策を理解しており、管理職も県の施策を支持し学校経営にあたっている、とのお褒めの言葉をいただき、これはたいへん嬉しかった。

(4) 取り組みをフォーカスすること

同時に課題点についても助言をいただいた。たとえば、学校における学力向上の取り組みが総花的で、よいと思われる取り組みを片端から均等に行い、とくに重要な取り組みがどれなのかが意識されていない印象があるとのことだった。全国の事例を研究しておられる千々布先生にとって、成果をあげるマネジメントの要諦は「焦点化」なのである。学校の教育活動は多岐にわたり、それぞれが重要であり手を抜いていいものはない。しかし、成果をあげるためには、とくに重要だと思われる取り組みを洗い出し、そこにフォーカスし、評価改善のマネジメントを徹底して行う必要がある。これは目から鱗であった。

(5) フォーカスシートの導入

その年度末、千々布先生に大分県の視察を勧められ大分県を視察させていただいた。大分県ではすべての学校において「経営戦略焦点化シート」が作成され、経営戦略に係る学校の方針・方策が焦点化されている。まさに課題を明確にし、取り組みをフォーカスする仕組みだと言える。

さっそく沖縄県でも、学校で学力向上の方針・方策が焦点化できるよう「フォーカスシート」と名づけた沖縄版の経営戦略焦点化シートを作成し、すべての学校に活用してもらっている。

(6) 組織力の向上へ──「授業改善リーダー」「学校改善アドバイザー」

当然ではあるが、シートを作成しただけですべて解決というものではない。施策を動かすには仕組みが重要になってくる。施策を動かす仕組みとは、学校においては組織力であり、そのリーダーシップの筆頭が学校長であ

る。その学校長を支えるため、2018（平成30）年度より、校長の補佐役として校内における授業改善を進めるため、授業改善のファシリテーター的な働きを担う「授業改善リーダー」を配置した。また、2019（平成31）年度からは、教科指導、学校運営に優れた退職校長を「学校運営アドバイザー」として各地区教育事務所に配置し、地区内の学校を巡回してもらうことになっている。授業改善や学力向上、その他の学校運営について相談役となるなど、校長を支える存在として期待している。

6．なかなかブレイクスルーできない中学校――次なる施策は

　小学校における学力は現在も全国水準を維持しているものの、中学校の学力についてはなかなか全国水準に到達できない。全国的に学力向上に対する意識が高まっているなか、全国との差を縮小させてきていることについては誇れることではあるし、実際に授業改善も進んでいる。しかし、その伸びが若干の頭打ちの傾向にあり、中学校の学力向上については、小学校とは別の視点からのアプローチも必要だと考えている。

（1）　沖縄県特有の課題とは

　中学校は、小学校以上に学習する内容が複雑になり、その量も多くなることや、部活動や生徒指導に費やす時間が多いといった点も小学校とは異なる。ただ、これらは全国の中学校に共通する点であり、沖縄県特有の課題ということではない。私見を並べてみると、沖縄県の生徒の抱える根本的な課題は、生徒自身の学習に対する目的意識の低さにあると考えている。小学校までは先生からの励ましや支援に応えようとがんばってくれる傾向がある。しかし、中学校になり自我に目覚めると「自分自身のために自分は何をすればいいのか」といった問題意識が学習の強い動機となる。全国と比較したとき、沖縄県の生徒にはこの学習動機が弱すぎると感じている。もちろん、その他諸々の課題が複雑に絡んでいるが、目的意識の低さ、自立に向けた自己努力の甘さは厳然たる事実として指摘せざるを得ない。こうした課題に焦点化し、長期的な方策を立てていくことで、中学校における学力の課題を克服していけるのではないかと考えている。

（2） キャリア教育を足がかりとする

　今後、沖縄県の児童・生徒が目的意識をもちながら学習に取り組み、学力の向上はもとより、生きる力を身につけ自立を果たすためには、二つのアプローチが必要だと見ている。

　一つは、当然だが学力の向上である。これまで以上に授業改善を推進し、教室を深い学びを実現する場とし、思考力、判断力、表現力等を高めていく。もう一つは長期的にではあるが「キャリア教育の発展・充実」である。これまでも学校はキャリア教育の充実に向けて取り組んではきているが、日常の教育活動、とくに授業といかにリンクさせるかが今後の鍵だと考える。そのためには目的意識や自立に対する意識について、県全体の児童・生徒を対象に調査を行い、エビデンスをもとに具体的な施策を立てていく必要があろう。またキャリアパスポート（仮称）の導入もそのきっかけになるのではと期待している。

＊

　私は現在、公立小学校長として学校経営にあたっており、学校課題の解決に取り組んでいるところであるが、教育行政の施策が現場に与えるインパクトの大きさを今さらながらに感じている。学校が沖縄県の子どもたちの未来を支える砦としてその価値を高めていくためにも、今後も教育行政はリーダーシップを発揮してほしいと思う。

2章 教育委員会の取り組みで学力急上昇

《大分県》

「芯の通った学校組織」の推進と「新大分スタンダード」の徹底

大分県教育委員会大分教育事務所長／前大分県教育委員会義務教育課長　米持　武彦

　「『教育県大分』の創造」をめざす大分県は、図1のように、2018（平成30）年度の現在、全国学力・学習状況調査の平均正答率の合計値において、小学校は2014（平成26）年度から全国平均を4.3ポイント超え、中学校は2017（平成29）年度から0.4ポイント超えるなど、小中学校ともに右肩上がりの傾向が生まれてきている。また、2013（平成25）年度と2018（平成30）年度の比較において、すべての教科およびAB区分で学力低位層の割合が減り、併せて高位層についても増加してきている。

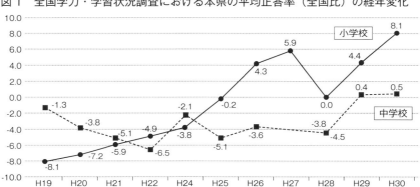

図1　全国学力・学習状況調査における本県の平均正答率（全国比）の経年変化

　小学校は、2007（平成19）年度からほぼ右肩上がりを続けている一方、中学校は、2016（平成28）年度まで全国平均以下で停滞していたが、2017（平成29）年度から上昇傾向が生まれ2年連続全国平均を上回る状況となっている。とくに、2013（平成25）年度からの5年間の変化で見ると、平均正答率の合計で、小学校は8.3ポイント、中学校は5.6ポイント上昇している。

このなかで私が転機と考える2013（平成25）年度は、全県の学校改善の指針として示した「芯の通った学校組織」推進プランに係る取り組みと、授業改善の指針として示した「新大分スタンダード」を徹底していく取り組みが、両輪となって機能し始め成果が現れ始めた時期と考えられる。また、小中学校それぞれの文化の違いを踏まえ、2016（平成28）年度から、課題の中学校に特化した「中学校学力向上対策　3つの提言」等の施策が効を奏してきていると考えられる。

　本稿は、冒頭に述べた「右肩上がり」の現在の状況がなぜ生まれているのかということを、2019（平成31）年3月時点から振り返り、本県における学力向上に関する数々の施策のうち、取り組みの地盤や基礎を固めてきた初期の取り組みを第1項に、転換期となる2013（平成25）年度からの施策を第2～4項に、その流れのなかで、県の長期教育計画「『教育県大分』創造プラン2016」を示し、小中学校ともに上昇傾向の見え始めたこの3年間の施策や、構造的で安定的な仕組みにしていくための今後の展望について第5項にまとめ整理することとする。

1．大分県における学力に関する主な施策の展開

(1)　県の学力調査の開始など三つの出来事

　本県の状況と教育施策の展開に当たり、三つの出来事に触れておきたい。
　一つ目は、2003（平成15）年10月に開始した大分県の学力調査である。平塚正明学校教育課長（当時）のもと、指導内容や指導方法の改善充実を図る目的で、「基礎・基本の定着状況調査」として小学校第5学年、中学校第2学年の児童・生徒を対象に実施し、2018（平成30）年度の現在も継続している。開始当初、小学校は国・算、中学校は国・数・英の「知識」を見る学力調査と、児童・生徒への質問紙調査を実施している。学力調査結果のうち正答率は、全国を基準として本県を比較し、本県の学力水準を診断するものとした。また、偏差値により、本県および各郡市、各学校の相対的位置を表し、当年公表した郡市別の状況や改善の成果を問うための経年変化を見る指標とした。地元新聞記事には、「中学数学を除き全国上回る」「郡市でばらつきが出た」とある。

その後、2012（平成24）年度から小中学校ともに理科の調査を開始し、2017（平成29）年度からは中学校社会を開始するなど、授業改善の気運を全教科に広げていくため、調査教科を加えていった。なお、2013（平成25）年度から、「大分県学力定着状況調査」と名称変更し、「活用」の状況調査も開始し現在に至っている。

　二つ目は、2007（平成19）年度の全国学力・学習状況調査で明らかになった大分県の学力の現状である。図1で示したように、平均正答率の合計で、小中学校ともに、全国平均を下回り、新聞紙上等で紹介された都道府県別の順位では、本県の小学校は40位台半ば、中学校は30位台半ばであった。三浦徹夫義務教育課長（当時）は、「平成19年度全国学力・学習状況調査に係る大分県検証改善委員会」を開催し、委員長の大分大学の堀泰樹教授に対して「大分県学校改善支援プラン」をまとめるよう依頼する。報告（2008〈平成20〉年3月）の要旨は、
①全国平均の学力水準が確保されていない教科があること
②とくに小学校における各教科の調査結果が全国水準を下回っていること
③地域間に学力の定着状況において差異が認められること
の3点である。推進対策として、学びと支えのシステムの構築をはじめ、学校、教育委員会、家庭・地域それぞれが取り組むべきことを細かく分析して示した。さらに、このプラン推進のため、2008（平成20）年4月から、義務教育課に学力向上支援班が新設されるとともに、後藤榮一主幹（当時）1名が配置され、その後の学力向上施策が展開されることになる。

　三つ目は、2008（平成20）年に起きた教員採用等に係る汚職事件である。県教育委員会幹部やOBをはじめ、管理職試験受験者、教員採用試験受験者を巻き込む複数の汚職事件が次々と判明し、全県が騒然となる。当年9月の県の学力調査の結果報告書の冒頭に、当時の小矢文則教育長の言葉があり、「本来、児童生徒が落ち着いた教育環境の中で学力向上を果たすために、条件整備に取り組むべき県教育委員会幹部職員や校長・教頭等一部の者が犯した今回の汚職事件につきましては、大変遺憾であり、県教育委員会の責任者として、深くお詫びいたします。二度とこのようなことが発生しないよう、徹底した原因究明を図るとともに、再発防止策を確立し、信頼回復に全力を

傾注して参ります」（平成20年度基礎・基本の定着状況調査報告書）とある。私は、この頃見られた小中学校の学力の低迷状況は、一部であったとしても、汚職事件に代表される教育関係者の「為体（ていたらく）」の結果であり、これからは、教育にかかわる関係者が一体となって子どもたちに力を注ぎ、その成果をもって、県民からの信頼回復を得ようという県教育委員会の決意表明と受け止めた。

(2) 信頼回復に向けた施策の展開

「大分県学校改善支援プラン」に基づき、2009（平成21）年度から雫石弘文義務教育課長（当時）のもと、学力向上支援班を中心に、具体的な施策が構想され、実施されていく。主には、「市町村学力向上戦略支援事業」「学力向上支援教員の8市町村配置」「学力向上対策先進地研修」および、2010（平成22）年度からの「学力向上支援教員の18市町村配置」「学力向上ステップアップ事業」「低学力層に優しい3つの授業改善」「学校図書館活用推進事業」などがある。

「学力向上支援教員」は、市町村が策定する「学力向上推進計画」（2013〈平成25〉年からは「アクションプラン」）の内容に基づいて加配する教員で、国語や算数・数学で優れた指導力をもち、授業公開やTT指導を通して、その指導力を所属校や兼務校、域内の教員へ広げる役目をもつ。初年度は18名を8市町村に配置、2010（平成22）年度は36名を全市町村に配置し、翌2011（平成23）年度から72名へと増員し現在に至る。秋田県の教育専門監の制度を参考にしたものである。

「学力向上対策先進地研修」は、教育委員会や学校関係者に希望を募り、学力向上先進地である秋田県などの視察を行い、還流するものである。視察によりどの教室の授業も「めあて」や「まとめ」「振り返り」など授業の基本的な要素を踏まえて行われており、1時間の密度の濃い授業が大分では「当たり前にできていなかった」と多くの参加者が気づいていく。「1時間完結型」という言葉も視察の報告から生まれる。その後、武野太指導主事（当時）などの努力で、福井県から「タテ持ち」を、岐阜県から「学びに向かう学習集団」の視点を事業に組み込んでいく。

「学校図書館活用推進事業」は、国語科の課題解決的な展開の授業への改

善を進める一方で、各教科等の調べ学習や学校図書館活用を進めるために全県で展開した事業である。小池一彦義務教育課長（当時）のもと、国語科担当の内海真理子指導主事（当時）は、県内各地を行脚して趣旨を伝え、学校図書館や本が授業で使われるようになり確実に授業の密度が濃くなっていく。

　この頃よく使われた言葉が「点から面」「徹底」である。全県で信頼回復に向かい、施策で示す取り組みを徹底していくことで、各取り組み（点）がつながり合い、全県の取り組み（面）へと広がっていく。「市町村学力向上戦略支援事業」を中核とし、県の施策と市町村の戦略とのベクトルを揃える気運ができてきた。

2. 学校改善を基盤に授業改善の視座としている「新大分スタンダード」

　「新大分スタンダード」（図2）の起源は、2010（平成22）年9月通知の「今後の学力向上施策——低学力層の底上げを図る学力向上対策」のなかで「授業改善の3つの視点の徹底」で示された3項目、
①「1時間完結型」授業の徹底
②板書の構造化、板書とノートの一体化
③習熟の遅いグループに対しての指導の強化
である。通知には、「今年度の各種学力調査では、『低学力層』に分布する児童生徒の割合が全国より2〜3％多い状況にあり、低学力層の児童生徒の自己実現を支えるための授業改善等が喫緊の課題」とある。その後、「低学力層に優しい3つの授業改善」として普及されていく。

　2013（平成25）年度には、各市町村の学校教育課長および教育事務所の指導課長をメンバーとする学力向上検証会議を設置し、全県で取り組む環境を整える。当年10月、「全ての子どもの未来を拓く『大分スタンダード』」と命名する。「全ての子ども」の「未来を拓く」ためにという思いは引き継がれ、検討が重ねられ、項目や名称が改訂されていく。とくに中学校は、平均正答率の合計で全国平均を下回るところで低迷することから、2014（平成26）年度に、4項目目「問題解決的な展開の授業」（「生徒指導の3機能を意

図2 「新大分スタンダード」

```
「学びに向かう力」と「思考力・判断力・表現力」を育成するワンランク上の授業
 1   1時間完結型
   主体的な学びを促す「めあて」「課題」「まとめ」「振り返り」
 ＊学習の見通しをもたせ、意欲を高める「めあて」
 ＊学びの成果を実感し、学んだことや意欲・問題意識等を次につなげる「振り返り」
 ＊追究すべき事柄を明確にする「課題」、追究した結果を明確にする「まとめ」
 2   板書の構造化
 ＊思考を整理したり促したりする板書、思考の過程を
   振り返ることができる板書
 3   習熟の程度に応じた指導
 ＊「具体的な評価規準」に基づく確かな見取り
 ＊「努力を要する状況」の児童生徒に対する手立ての工夫
 4   生徒指導の3機能を意識した問題解決的な展開
   主体的・対話的で深い学び（アクティブ・ラーニング）を創造する学習展開
 ＊各教科の見方・考え方を働かせて展開する
 「課題設定⇒情報収集⇒整理分析⇒まとめ・発信・交流⇒ 振り返り・評価」等の学習
 過程の中で行われる
  ・知識の関連付け、問いの発見・解決、情報を精査した考えの形成、思いや考えに基
    づく創造
  ・様々な人との対話・協働による自分の考えの深化・拡充       H31.3版
```

安心して学べる
「学びに向かう学習集団」

識して」）を付加する。

　その後、2016（平成28）年度の全国調査結果、「主体的・対話的で深い学びの実現（アクティブ・ラーニングの視点による授業改善）」等の学習指導要領の改訂の動き等に基づき、2016（平成28）年9月に一部見直し、現在（図2）に至る。

　学力向上検証会議で、指導・助言いただいてきた大分大学教育学部山崎清男教授は、この4項目を、「質の高い授業に必要な要素」であると断言する。

3. 学校改善の土壌をつくった「『芯の通った学校組織』推進プラン」

　子どもたちの学力・体力の向上を図るとともに、いじめ・不登校等の諸課題に迅速・的確に対応するためには、各学校が具体的な目標を設定し、学校全体で組織的に取り組むことが重要である。しかしながら、本県では、学校の教育目標が抽象的すぎる、主任制度が十分機能していないなど、学校マネジメントに大きな課題が見られた。こうした状況を踏まえ、2012（平成

24)年度から、第1ステージとして5年間にわたり、校長のリーダーシップのもと、すべての教職員が目標達成に向けて組織的に教育活動に取り組む「芯の通った学校組織」の構築による学校改革を進めてきた。各学校が、学校教育課題の解決に向けて重点化・焦点化した具体的な目標や取り組みを設定し、基盤となる学校運営体制のもと、目標達成のために学校全体で検証・改善を重ねることで持続的・発展的な教育活動を実現することをめざし、プランを改訂していき、2019（平成31）年3月現在は、「『芯の通った学校組織』推進プラン第2ステージ〜大分県版『チーム学校』実現プラン〜」に重点的に取り組んできている（大分県教育委員会ホームページ参照）。

4. 中学校文化の変革を求めた「中学校学力向上対策3つの提言」

中学校の学力の低迷状況が続くなか、2015（平成27）年9月から翌年1月の間に、3回の「中学校学力向上対策プロジェクト会議」が開催された。

本会議では、中学校の学力が改善されない最大の原因として、「新大分スタンダード」に基づく組織的な授業改善の取り組みが進んでいないことを明らかにする。会議のまとめとして、教科の壁を越え、授業改善を学校組織全体で進める仕組みとともに、学校規模に応じた教科指導力向上の仕組みを構築し、双方向から授業改善を進める方策を提示している。また、主体的・対話的で深い学びを実現するために不可欠な「学びに向かう学習集団」づくりを重視し、生徒に困りや戸惑いを生じさせない指導の工夫や、生徒とともに授業をつくる取り組みについて提示している。

これらの方策を厳選し、三つに絞って、2016（平成28）年2月に示したのが、図3の「中学校学力向上対策　3つの提言」である。

後藤榮一義務教育課長（当時。現教育次長）は、「3つの提言」を各学校に示すに当たって、「これまでの中学校文化に変革を求める事項も含まれていますが、提言の趣旨をご理解いただき、校長のリーダーシップの下、生徒一人一人が未来を切り拓く力と意欲を身に付けられる学校づくりが推進されることを期待します」と述べている。

私は、この「中学校文化の変革」への着目と取り組みが、その後の中学校の変化を生んだのではと考える。国立教育政策研究所千々布敏弥総括研究官

2章　教育委員会の取り組みで学力急上昇

図3　「中学校学力向上対策　3つの提言」

> **1　学校の組織的な授業改善による「新大分スタンダード」の徹底**
> ①生徒指導の3機能を意識した問題解決的な展開の授業を充実させるとともに、習熟度別指導を積極的に導入する。
> ②教科の壁を越え、全ての教科に共通した授業改善の取組内容を設定し、その視点に基づく互見授業・授業研究を実施する。
>
> **2　学校規模に応じた教科指導力向上の仕組みの構築**
> ①小規模校は、校内研修の枠で、近隣の学校と合同教科部会をもち、指導案や評価問題、教材の作成等を行う。
> ②複数の教科担任がいる学校は、教科担任の「タテ持ち」や日課表・週時程表に位置づけた教科部会の実施により、相談や切磋琢磨できる環境を作る。
>
> **3　「生徒と共に創る授業」の推進**
> ①生徒による授業評価を実施し、それを授業改善に反映する。
> ②学校が目指す授業像を生徒と共有し、それに向かう学習集団としての目標を設定させ、適宜振り返り活動を行う。

等の助言を受け、福井県等の取り組みを参考に進めている「タテ持ち」は、とくに、学年部中心の文化のなかで、「ヨコ持ち」を基本としてきた本県の中学校に対し、今後、教科指導に係る時間を確保し、授業の質を上げるためにも県内に広げたい取り組みである。2019（平成31）年度までの3年計画で、県内の推進重点校8校を中心に取り組んでいる。

5. 構造的で安定的な仕組みにしていくための現在の取り組みと今後の展望

　芯の通った学校組織のもと、質の高い授業改善が日常的に行われて、児童・生徒の伸びを右肩上がりにすること。それが、2016（平成28）年4月に義務教育課に赴任した私のミッションであり、具体的な取り組みは三つにまとめられる。

　一つは、本課の各教科等の指導主事が、自分が県内で見た教科等の具体例で、「新大分スタンダード」を説明できるようにすること。1単位時間の授業の構成要素として示した「めあて」「課題」「まとめ」「振り返り」は、各教科等のねらいに到達する質の高い授業に欠かせない基本的な要素であり、各教科等の特質を踏まえて位置づけられなければならない。徹底のため、各

教科等の「めあて・課題・まとめ・振り返りの設定例」やそれらを単元計画にまとめた「単元（題材）の設定例」を作成し、各教科等部会参加者や学力向上支援教員へ配布し、改訂を重ねている。

　二つは、各教室の授業を変えていくために必要な資料を、スピード感をもって作成し教員や児童・生徒に提供すること。8月には、全国や県の学力調査結果がわかり、全県の傾向や今後必要な対策が明らかになる。大切なことは、当年度早期とくに9月以降学校に取り組んでほしいことをタイムリーに示すことである。年度末や次年度に指導資料ができても学校の改善には遅い。教員や子どもに提供する資料は、前半期を目安につくるようにした。「言語能力育成ハンドブック」「学校全体で組織的に進めるカリキュラム・マネジメント」「小学校英語指導の手引き」「総合的な学習の時間探究ガイドブック」等、大分県教育委員会義務教育課のホームページにもアップしてきた。

　三つは、最新情報にアンテナを張り、できることから取り組み、県内の学校で最先端事例をつくること。たとえば、国立教育政策研究所の研究指定校の佐伯市立明治小学校（外国語活動）、日田市立東部中学校（数学科）、豊後大野市立朝地小中学校（小中一貫）、佐伯市立宇目緑豊中学校（ESD）などの研究にかかわり、県内にない事例や、今後必要な実践事例をつくることができた。県内の子どもの伸びた事実から実践事例をまとめ、広げるようにしている。

　今後も、工藤利明教育長（現在）のもと、構造的で安定的なしくみの構築をいっそう推進するため、就学前教育の充実を図る「幼児教育センター」の設置や、小学校高学年の授業の質を上げる「小学校高学年の教科担任制」の推進等を行おうとしている。大切なことはどの施策も学ぶ子どもの視点で構築し、その趣旨や方法をていねいに伝え、各学校の主体的な検証・改善の回転に支援していくことであると考え実践していきたい。

2章 教育委員会の取り組みで学力急上昇

《高知県》

高知県の教育の歩みこの10年と今後の展望

高知大学教授／元高知県教育委員会教育次長　**永野　隆史**

1. 高知県の教育の現状とその背景

　厳しい現実がそこにあった。2007（平成19）年、約50年ぶりの全国学力・学習状況調査は、低位に置かれ続けていた高知県の児童・生徒の力を如実に浮き彫りにした。精査をすると、どの調査項目も厳しい数値であり、とくに中学校の数学A・Bの正答率は全国との差が10ポイント近くもあった（図1参照）。

　この調査の実施にあたっては、おそらくほとんどの県内小・中学校では調査の社会的背景や意義をあまり深く意識していなかった。また、県教育委員会事務局においても昭和30年代の厳しい学力状況を振り返ることはなく、調査結果の検証も包括的なものに留まっていた。

　これには、次のような理由もある。高知県は、1997（平成9）年から10年間「土佐の教育改革」と呼ばれる教育課題解決のための重要な取り組みがあった。それまで歴史的な経緯のなかで県民に根強かった公教育に対する不信を払おう

図1
平成19年度　全国学力・学習状況調査結果
小学校（国語・算数）

	国語A		国語B		算数A		算数B	
高知県	81.7	±0	60.0	－2.0	81.6	－0.5	60.7	－2.9
全国	81.7		62.0		82.1		63.6	

中学校（国語・数学）

	国語A		国語B		数学A		数学B	
高知県	78.1	－3.5	64.0	－8.0	62.8	－9.1	50.6	－10
全国	81.6		72.0		71.9		60.6	

※数字は正答率%

図2
土佐の教育改革の検証結果
H18年教員意識調査（高知県公立小中校長・教頭対象）
◆「概ね学力向上は図られている」とみるフォローアップ委員会や県教委の評価は、全体として妥当であると思いますか。

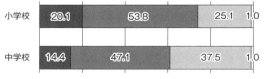

土佐の教育改革の総合的効果に関する実証的研究プロジェクト

と、政治、経済、教育（校長会、教職員組合）、保護者、マスコミ等々県民各分野の代表者が同じテーブルを囲み１年の論議を重ね、教員の資質・指導力向上や生徒の基礎学力の定着に対策を講じてきた。

　10年後、この取り組みの成果検証において、小学校長・教頭の約７割が、また中学校長・教頭の半数以上が、これまでの取り組みにより、学力はおおむね向上が図られているととらえていた（図２参照）。

　しかし、現実には県内教育現場のあちらこちらで、高度成長期終焉以降も授業の成立しない教室に戸惑い、ことに児童・生徒数の多い市部の小中学校では「荒れ」を生まない生徒指導対応に苦心するあまり、授業力を磨いていく取り組みは実際には手薄で余裕すらなかった。また、高知県だけを覆う課題ではないが、経済的背景から派生する学習環境の格差により、学ぶ楽しさ・喜びを体感できず、自尊感情・自己肯定感を高めきれない児童・生徒の増加等、子どもたちの学習意欲を阻害するさまざまな要因は、学校・学級経営をより困難にしていった。厳しい現状のなかで精一杯生きようとしている子どもたちに届く対応が、そして真摯に子どもたちに向き合い苦戦している教員の力にもなれる施策と取り組みが期待されていた。

　こうした現状のなかで全国学力・学習状況調査における厳しい結果の連続は高知県の公教育、とりわけ義務教育段階の課題を根本的にとらえ直す好機となった。期せずして2007（平成19）年度後半、県知事の交代と重なり学力問題は県政課題の重点解決施策としてとらえ直され、経済、産業、福祉、観光など県政のさまざまな課題と同じテーブルで論議され、県政浮揚のための動きと同軸で対策が強化されることになる。施策の浸透には時間を要した。この10年余りの教育課題に対するさまざまなアプローチは、課題のすべてを払拭できたわけではないが、教員はもとより県内教育関係者の努力により学力の底上げに確実につながっている。その取り組みを紹介のために便宜上以下３期に分けて記述する。

2. 2008（平成20）年度から現在までの取り組み

　取り組み施策は、学校経営力強化、授業指導力向上、学習支援のための人的配置や学習教材の充実、加えて県内児童・生徒の約半数を占め多くの教育

課題が集中する高知市（中核市）への支援等多岐にわたるが、ここでは、各期ごとに主だった学力向上のための施策、対策を紹介する。

(1) 第1期「緊急プラン」(2008〈平成20〉～2011〈平成23〉年度)
　──授業改善のための「単元テスト」と学習時間の確保

　2007（平成19）年度の結果を受けての施策は緊急を要し即応性が求められた。患部はどこか。急がれる手当はどこに付せばよいのか。県教育委員会事務局担当者に熟考の時間はなかった。

　急を要するのは「授業改善」である。ことに課題の大きい、算数・数学の学習指導改善を促すため、秋田県の取り組みに学び、単元テストのweb配信を開始する（2008〈平成20〉年度は全中学生に、2010〈平成22〉年度から翌2011〈平成23〉年度にかけ全小学生に順次配信を行う）。これにより、各教室での授業進度や定着状況が把握できるようになる。算数・数学の1教科ではあったが、運用手続きや方法について、予想どおり現場教員、市町村教育委員会担当者の不安が大きかった。しかし対象学級すべての単元ごとの学習定着状況が把握できることは、指導方法の改善に有効に機能することも次第に理解されはじめ活用が進んでいった。

　また、全国学力・学習状況調査の児童・生徒質問紙調査においては、家庭学習時間が30分にも満たない児童・生徒が圧倒的に多かった。なかでも中学生はきわめて厳しく、「全く家庭学習をしない」と答えた生徒は11.5％で、この数値は全国平均の2倍余りにもなる。しかも全児童・生徒の約半数を占める高知市児童・生徒の状況はさらに厳しかった。

　このことから、授業や放課後学習、家庭学習等で活用できる教材の作成、配布、また学習補助者（学力向上補助員、放課後学習支援員）、加えて指導力のある退職教員をスーパーバイザーとして雇用する。これらの事業は県教育委員会からの支援を得て運用されることになるが、県の中核市への直接支援は今日も継続され、さらに充実している。

(2) 第2期「重点プラン」(2012〈平成24〉～2015〈平成27〉年度) 高知県教育振興基本計画1期目──「学校改善プラン」と「県版学力調査」

　2期目の取り組みは、施策上、高知県教育振興基本計画によって県の教育課題をスポーツや文化面も含め、全領域が体系的に整えられたなかで展開さ

れることになる。

　教育基本法の改正に伴い、高知県においても2009（平成21）年9月に県教育振興基本計画が策定されていたが、緊急プランを優先したため、教育振興基本計画に基づく施策の展開は、このプランを受け継ぐ形で、2012（平成24）年度から本格的に運用されることとなった。学力向上対策はここでも最重要課題として位置づけられている。

　この前年、東日本大震災により全国学力・学習状況調査は中止されたが、高知県はすでに刷り上がっていた調査問題を活用する。教育現場の自主性を重んじた「土佐の教育改革」期の10年間に比して、教育行政主導の取り組みは、教育現場との間に少なからず緊張を生んでいた。「全国で中止になった調査を、なぜ実施するのか」との不安の声もあった。

　2期目の取り組みは、このような状況のなかでも着実に施策が実行された。指導資料や学習教材、また授業改善の手立てなどが一巡したため、授業者や児童・生徒への支援も継続しながら、学校経営改善へのアプローチとなった。

　2012（平成24）年度から、全小中学校長に「学校改善プラン」を求めた。「知」（学力課題）、「徳」（生徒指導上の諸課題）、「体」（体力、健康の課題）の3分野で立案・実行する経営改善プランとして、山積する経営上の課題をPDCAのサイクルにのせ改善していく手法の徹底を図ることになる。同時に県内3教育事務所には、学校経営に手腕を発揮してきた退職校長7人を学校経営アドバイザーとして配置し、各校の経営やプランの進捗状況を定期的・重点的な訪問によってきめ細かくサポートしていく。

　これまでの学校教育計画に欠けていたのは、「誰が」「いつまでに」という観点である。管理職員であれ、分掌担当者であれ、誰が責任を持ち、いつまでになし得るのか、その成果・効果はどのように学校全体で共有され生かされていくのかといった組織運営の根幹をなす視点を、「学校改善プラン」にのせ、その進捗と成果および効果を生かす組織体にしていく取り組みである。これもまた、慣れるまでは戸惑いが先行する。これまでの感覚ではPDCAサイクルは回らない。実施から7年を経過し、現在では、中長期的な経営ビジョンを踏まえた「学校経営計画」として定着し、小中学校長の学校

経営意識は格段に高まった。現在は学校管理職と所属教職員とのPDCAの共有が課題として浮き彫りになっている。

　二つ目は県版学力調査の実施である。2012（平成24）年度当初は、小学校5年（国語・算数）、中学校2年（国語・数学・社会・理科・英語）からスタートし、現在では小学校4年から中学校2年まで充実している。県版学力調査の開始においても、教育現場はむろんのこと、多額の費用の執行を認めなければならない県議会でも相当な質疑があった。「全国調査と同類のテストをなぜ実施する必要があるのか」との問いであった。現実的な課題として、緊急プランの取り組みは進むが、まだまだ全国調査に表れる学力数値が改善に向かわない。授業改善資料や補助教材の完備、また学習支援者の増員だけでは解決しない現状があった。課題はどこにあるのか。やはり、授業そのものを、子どもたちの視点に立ち改善するための証が必要だったのである。最終目的は、授業の振り返りであり、日々の授業改善に、ひいては学校経営改善に資する有効な手段であるとていねいに説明され、議会でも理解を得ることにつながった。

　実施に当たっては、福井県より学ぶ。福井県では60年以上県版調査を積みあげているが、地道な施策が学力という鋼のような教育地盤をつくりあげているのも合点がいく。このような対策に次第によい反応を示し出したのが小学校である。全国比較において、平成28年度小学校は、算数A+2.8、同B+0.1、国語A+4.3、同B-0.1ポイントまで引き上げた。

　それに比べ中学校の現状は1期、2期の取り組みを経てもなお厳しい状況が続く。第3期は中学校対策に向けられていくのは必然であった。

(3)　第3期「充実プラン」（2016〈平成28〉～2019〈平成31〉年度）
　　高知県教育振興基本計画2期目――チーム学校「中学校の組織的・協働的な授業づくり」

　教育振興基本計画（第2期）は、2015（平成27）年に設置された「総合教育会議」での7回に及ぶ知事と教育委員会の議論がベースとなった。このなかでも中学校は未だに学力向上の確かな歩みが見えないという問いに多くの時間が割かれた。教員同士協働して組織的な運営がなぜできないのか、系統的な指導方法がなぜ確立しないのかが論議の的となり、それに伴うチーム

学校のあり方が大きな焦点となった。

　その論議の端緒は、2014（平成26）年度に福井県に派遣した2人の中学校教員の報告である。派遣された教員は、1年間の職務を通して、福井県の先生方がどのように生徒に向き合い、学びの道筋をつくっているかの実際を体験しながら、学校組織の一員としての働き方を学んできた。この取り組みには福井県教委、受け入れ地教委、中学校の一体となった支援があった。

　この派遣は、高知県にとって大きな成果を生んだ。派遣終了後、報告書とともに提出された、「らし研」（「福井らしさ」を探る会）のまとめが、高知県の中学校の組織運営改善に大きなヒントを与えてくれた。これは、この年度に派遣された高知県を含む7県の研修生9人が、国立教育政策研究所総括研究官千々布敏弥先生のご助言のもとにまとめたものだ。

　この派遣事業においては、2018（平成30）年度までに18人がお世話になっており、次年度以降も継続される。報告のなかで、最も着目したのが福井県中学校の授業システム「教科のタテ持ち」である。これは、福井県の先生方からすれば、「当たり前」の姿であり、システムともとらえていない。そもそも「タテ持ち」という呼称すら福井県にはない。

　高知県の中学校は、これまで同一学年で複数学級ある場合は、学年団による運営方式を採ってきた。教科等授業担当者も担当学年を越えた指導は原則行わない。荒れを経験してきた教員集団は、学年での課題解決が集中的で即応性があるとし、学年の問題は学年でという責任感・連帯感が学年団方式を強固にしてきた。言うなれば学校のなかに三つの組織があり、大規模校になれば管理職を含め学年団に所属しない教職員は4年団として組織され複数の組織が混在することになる。

　これが高知の「当たり前」であった。また、中山間に点在する多くの小規模校においてもこの意識は強く、教科指導での課題や指導成果は他教科担当には共有されないということが続いた。そのため、教科会あるいは教科を横断した授業改善のための討議の経験は乏しかった。

　学校規模の大小問わず、高知県の中学校は、授業者が自分自身の指導を同僚に晒し、健全な批判や批評を受け、次の授業改善の糧にする作法を身につけることができない状況が続いていた。

こうしたことから第3期の取り組みの柱を「チーム学校」として、中学校の組織運営、教員の協働による授業づくり「教科のタテ持ち」を施策の中心に置くこととなった（図3参照）。

2016（平成28）年度は、高知県の中学校での「当たり前」、いわば仕事の常識が覆される年となる。いや、授業担当者ばかりではなく、教員集団そのものの常識が揺さぶられた。「教科のタテ持ち」授業と授業

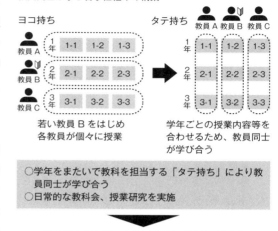

担当者による「教科会（指導方法等検討会）」は一対である。授業内容や進度の点検、授業評価、教材開発など同僚と話し合い、授業改善のための切磋琢磨の機会となり、授業力向上の契機となっている。この組織的な授業改善の運用を浸透させ、円滑に進めるために二つの取り組みを採用する。

一つ目は、この取り組み対象校への「主幹教諭」の配置である。これまでの常識を覆すには、強い推進力を必要とする。当然、主幹教諭には組織のライン機能を高める役割があるが、「教科のタテ持ち」指導と教科会の円滑な運営を図るためのスタッフ機能も併せ持つ。

二つ目は、この制度を定着し、浸透させるため「教科のタテ持ち」対象校指導に、福井県から学校経営に優れた実績と知見を持ち合わせる指導者2人を「中学校組織力向上エキスパート」として招聘したことである。

取り組み初年度の2016（平成28）年度は、指定校9校（主幹配置9校）を、取り組み3年目の2018（平成30）年度は、31校（中山間小規模校を除く全対象校）を指定した。現在はエキスパートも増員され、4人体制で指導に赴いている。

取り組みのなかで、ある該当校の校長は「中学校では、教科セクトの意識が高く、教科の専門性ということでお互いに授業の中身について協議し合える雰囲気をつくることがむずかしい文化がある。この取り組みは教科の違う教員同士がチームを組んで必ず1週間に1度授業づくりについて話し合うことで教科の専門性という枠を越えた話し合いができとても効果的である」と述べている。

　高知県のすべての中学校において、教員同士が学び合う仕組みがあれば、授業に対する不安を感じる教員もなくなり、自信を持って授業に臨める。この学び合う仕組みづくりを粘り強く続けていくことで、やがては福井県のように協働的に学ぶ教員集団としての文化が根づいていくものと考える。

3．まとめ

　この10年余りの高知県の学力向上への取り組みの一端を紹介した。上述のように「学力が上昇した県」と確信を持って言い切れる状況では到底ない。すべての子どもたちのために「上昇したいとあがいている県」であり、まだまだ課題は多い。教育風土を変えていくためにも、息の長い地道な取り組みが必要だ。

　先日、秋田県に視察に赴いた県教委事務局指導主事から「秋田県はますます探究的な学びに磨きがかかり、教科を越えた指導が充実している」という報告を受けた。高知県もそのような姿を求めている。「現場の思いより対策が先行する」との批判もあったが、この10年の取り組みにより確実に授業改善に手ごたえを得た学校が増えている（図4・5参照）。その学校は共通して、教員同士が学び合っている。学ぶことの楽しさに気づいた教員集団は強い。苦労を惜しまず子どもたちに向き合う学校や先生方の紹介は別の機会としたいが、「急速な世代交代は現場の対応力を不安定にさせる」という声をも払拭してくれている。

　教員の働き方改革も注視されるなかにあって、より魅力ある仕事として、時代にあう働き方も求めていかなくてはならない。

　来世紀まで生き抜いていくであろう多くの子どもたちを眼前にして、どうか、手を抜かず全身で学びの道筋を示していってほしい。

2章　教育委員会の取り組みで学力急上昇

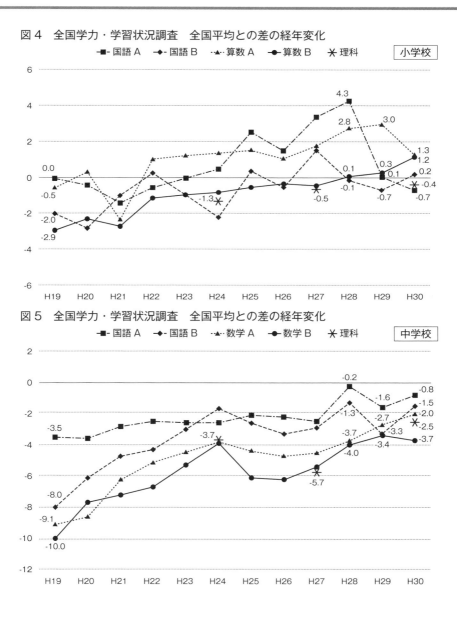

図4　全国学力・学習状況調査　全国平均との差の経年変化　小学校

図5　全国学力・学習状況調査　全国平均との差の経年変化　中学校

2章　教育委員会の取り組みで学力急上昇

《北海道》

北海道における学力向上の取り組み

北海道教育委員会

1. 全国学力・学習状況調査の結果と近年の北海道の教育行政

　北海道は、179市町村、小中学校約1,600校で構成されている。その広域性からより地域の課題に即応した行政運営を行うため、明治時代から行政区域を設けており、現在は、14管内で構成している。

　北海道教育委員会（以下、道教委）は、広域であっても、学校への日常的な指導や支援をきめ細かにできるよう、各管内に設置している教育局が市町村教育委員会（以下、市町村教委）と緊密な連携を図りながら地域に根ざした教育行政を展開しており、施策展開に当たっては、本庁で基本構想を立てて教育局が研修会を開催したり、本庁が開催する研修会に各学校担当教員が3年に1度以上研修会に参加して、研修成果を校内研修で普及したりするなど、事業成果がすべての学校に行き渡るようにしている。授業改善についても、教育課程の改善の一環として教職員対象の研修会や指導主事による学校教育指導等を行っていたものの、第1回の全国学力・学習状況調査（以下、全国学力調査）で小中学校ともに全国平均を下回り、とくに小学校算数では全国との差が5ポイント以上となり、下学年で身につけておかなければならない基礎・基本に大きな課題があることが明らかになった。また、家で1時間以上勉強する割合も全国平均を大きく下回るなど、学習習慣の定着にも大きな課題があることも明確になった。

　道教委では、これまでの取り組みが必ずしも授業改善に結びついていないという反省にたち、調査結果を詳細に分析して課題を明らかにし、基礎・基本をしっかり定着させるための新たな施策を展開することとした。

　こうした結果、数年後に、すべての教科で平均正答率の全国との差が3ポイント以内となるなど、改善し始め、2018（平成30）年度には、中学校では初めて複数教科で全国平均を超えることとなった（図1）。

図1 全国学力・学習状況調査——各教科の全国と本道の平均正答率の差の推移

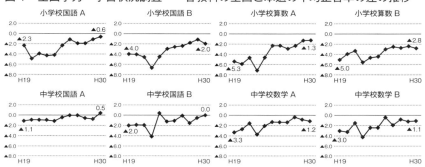

2. 北海道の教育行政における学力向上施策の位置づけ

　現在に至る施策の方向性を規定したのは、2011（平成23）年6月、知事選後の第2回定例会議での教育長の教育行政執行方針に「2014年までに全教科全国平均以上を達成する」ことを目標に掲げ、授業改善と家庭学習習慣の確立を両輪とする施策を重点的に展開することとした点である。以来、授業改善がエビデンスに基づく改善となるよう各学校に促すとともに、加配教員による指導方法の工夫改善、家庭や市町村教委への働きかけ、指導主事による学校教育指導の徹底など、あらゆる角度から取り組みを進めている。加えて2013（平成25）年4月から施行された第4次の「北海道教育推進計画（以下、推進計画）」において、全国学力調査で全国平均以上を達成することを指標として掲げ、継続的に施策を推進することとした。

　この間、道教委の取り組みは、道議会でも大きな議論となり、「全国学力調査で測れるのは学力の一部でしかない」等の批判が一部にあったが、道教委としては、本道のどこに生まれても一定の学力を保障しなければならないとの強い思いのもと、施策展開を進めてきた。全国の多くの子どもたちが理解できる内容を、本道の子どもがわからないということは許されない、との趣旨からである。

　また、学力向上の取り組みは、市町村教委の主体的な取り組みがきわめて重要となる。道教委の方針に合わせて市町村教委においても、全国学力調査の結果の公表をはじめ学力向上施策を独自に展開するようになってきてい

る。たとえば釧路市では、基礎学力の保障を条例として制定（2013〈平成25〉年1月）した。また、名寄市や岩見沢市のように、道教委の施策を市の施策として効果的に活用しながら成果をあげているところも増えてきている。

　2018（平成30）年4月からスタートしている第5次の推進計画においても、2021年度までに全国平均以上の達成を目標として掲げており、引き続き、学力向上に向けた取り組みを進めていく。

3. 学力向上施策の集中展開

　以下、学力向上に向けた本道の具体的な施策について述べていきたい。
(1) 指導計画と授業の改善

　全国学力調査が開始されてからの数年間、本道では担任の指導方針や指導方法が各自の裁量に委ねられ、学校としての成果が安定しないという課題が顕在化していた。道教委では、こうした課題の改善に向け、他県の取り組みを参考にすることとし、秋田県教育委員会への指導主事の派遣、道教委職員および教職員の学校視察等を行った。その結果、校内の教育課程の評価・改善システムを確立すること、授業の導入で学習課題を示し見通しをもたせること、展開できめ細かな手立てを講じること、終末でまとめと振り返りを確実に行うことなどを、道内の学校で共通認識を図って取り組む改善策として、2013（平成25）・2014（平成26）年度の「教育課程改善の手引」に掲載し、道内すべての教職員に配布して校内研修で活用できるようにした。

　指導計画の改善に関しては、指導計画の管理体制を整える、全国学力調査の結果を踏まえて指導計画を見直す、学校行事に費やす必要以上の時数を見直し教科の時数を確保する、小中学校が円滑に接続できる指導内容・指導方法を位置づけることを求め、各学校の取り組みの改善を促した。

　また、授業改善に関しては、課題を提示し見通しをもたせる、教えることと考えさせることを整理して活動を具体化する、まとめと振り返りを行い、学習内容の定着を図ることを求めた。さらに、校内で共通した学習規律を徹底する、教室環境を整備する、ノートの使い方を指導する、実物投影機を活用する、宿題や家庭学習を授業に連動させることなどを具体的に示した。取り組みに当たっては、校内研修のあり方を工夫し、「明日の授業改善に直結した

校内研修」を合い言葉に、全国学力調査を活用した授業改善、ワークショップ型研修の導入を推奨し、校内研修の改善を求めるとともに、指導主事が繰り返し学校訪問して「教育課程改善の手引」を用いながら支援に当たった。

(2) 検証改善サイクルの確立

全国学力調査結果の分析方法等については、多くの学校から問い合わせが多かったことから、容易に全国学力調査の結果を分析し改善策を講じることができる「分析ツール北海道版」をすべての小中学校に配布することとした。

① 「分析ツール北海道版」の活用

「分析ツール北海道版」は、教科調査や質問紙調査の結果を多角的な視点からレーダーチャートとして加工するほか、「A問題・B問題の相関」「児童生徒別回答状況一覧」等のデータを自動で作成できる（図2）。

学校では、調査結果を受け取った直後から、このツールを使って分析し、指導計画の見直し、授業改善に役立てることができるようになり、改善のスピード感を高めることができた。

図2 「分析ツール北海道版」で作成するデータ（一部掲載）

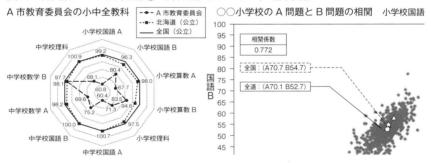

② 「ほっかいどうチャレンジテスト」の実施

分析ツールで明らかにした課題を解決することができるよう、「ほっかいどうチャレンジテスト」（以下、チャレンジテスト）を作成して全小中学校（全学年対象）に配信し、その集計・分析結果を提供している。

国語、社会、算数・数学、理科、英語について、学期末ごとに「北海道学力向上Webシステム」（以下、Webシステム）によって配信し、各学校が

子ども一人ひとりの習得状況等を確認し、授業改善に役立てるものである。Webシステムは、チャレンジテストを配信後、学級担任等が一人ひとりの解答の正誤を入力し、道教委はその結果を集計し設問ごとに全道の平均と自校の結果を周知するものである。

　各学校では、チャレンジテストを年間指導計画に位置づけ、学期ごとに学習内容の習得状況を確認するとともに、課題となった学習内容については、道教委が別に配信するサポート問題により補充的な指導を行っており、学習内容を確実に指導する取り組みとして成果が現れている。

③学校全体で取り組む授業改善の推進

　道教委では、「分析ツール北海道版」やチャレンジテストを活用した授業改善を、全教職員が共通認識のもとで取り組むことができるよう、「組織力強化会議」をすべての管内で6〜7月の間に開催している。

　「組織力強化会議」は、全小中学校の学力向上担当教員等を対象に、調査問題の分析方法、分析結果を活用した授業改善、校内組織の工夫について共通理解を深め、各学校の取り組みを促している。

　さらに、若手教員の割合が高い管内では、「組織力強化会議」後に、改めて学力向上研修会を実施するなど、実効性のある学力向上の取り組みが展開されるようにしている。

4．学校力の向上

　こうした取り組みを進めるなか、校長会等で話題となることは、授業改善に対する校内の共通認識を保持し続けるむずかしさであった。学校力そのものを高め、校長のリーダーシップのもとで教職員が創造的に授業改善を行い続ける組織づくりが新たな課題となった。

（1）　学校力向上に関する総合実践事業

　道教委では、学校が一体となって取り組もうとする「組織力」、組織的な取り組みから生まれる質の高い「教育力」、教職員が学び続けながら自助努力により自校を改善できる「自己改革力」を高める必要があると考え、校長のリーダーシップのもと、教職員がチームとなって包括的な学校改善を行う学校のモデルを全道に広く普及することを目的とした「学校力向上に関する

総合実践事業」を推進している。

　本事業は、2012（平成24）年度に5管内7校の指定校から始まり、現在はすべての管内に指定校を配し、その数は67校となっている。指定校が取り組む主な内容は、次のとおりである。

①教育課程・指導方法

　基礎学力を保障する教育課程と指導方法の改善、学年ごとの最低到達目標の設定、全学級の学習規律の統一・徹底等。

②学校マネジメント

　学校改善サイクルの実質化・迅速化、外部からの継続的な助言に基づく教育課程、指導方法等の不断の見直し、学習に集中できる教室環境の整備、地域・家庭との危機意識の共有等。

③人材育成

　将来のスクールリーダーの計画的な育成、初任段階研修等の校内での実施、日常授業の改善に直結する校内研究・研修の実施等。

　その結果、学校改善に成果をあげてきた指定校の取り組みには、次のような傾向が見られた。

○学校の経営方針や取り組みの重点など、めざす姿や具体的な方策について教職員一人ひとりが十分理解し、自分の言葉で明確に語ることができる。
○学習規律、教材（ドリル、ノート）など、揃えることにより効果があがるものは、各教職員に委ねず学校全体で統一している。
○学校全体で整理整頓、学習規律の定着、望ましい人間関係づくりに取り組むなど、落ち着いて学習できる環境をつくっている。
○授業では、教師の言葉が精選されている（しゃべりすぎない）、めあてとまとめが板書されている、まとめの時間が確保されている。
○取り組みの後には必ず評価、改善して「小さな進歩」を繰り返している。
○職員会議の回数を減らす、学校行事の反省を直後に行うなどの業務改善を行い、子どもに接する時間、教材研究や打ち合わせの時間を生み出している。
○毎年配属される初任者を学校全体で計画的に育成することにより、指導する中堅、ベテラン層の指導力も高まるなど、相乗効果が見られる。

○ 校内外と情報を共有するため、ホワイトボード、写真、絵、1枚物のペーパーなどを活用するなど「可視化」することを大切にしている。
○ 教育活動の節目に意図的・計画的に外部講師を招聘し、学校課題を指摘してもらい、改善の後、評価してもらうサイクルを繰り返している。

　本事業開始以来、各管内での実践発表会の実施、視察者の積極的な受け入れ、指定校教職員の各種研修事業での活用、指定校の実践の指導資料等への掲載を継続するなど、事業成果の普及・啓発を行ってきた。指定校の学校経営が本道の学校経営モデルとなりつつあり、指定校の取り組みを取り入れ自校化する学校が年々増えている。今後も事業を改善しながら継続し、その成果を広い北海道に浸透させていきたい。

(2)　授業改善推進チームの取り組み

　「学校力向上に関する総合実践事業」では、学校全体で授業改善に取り組む体制づくりがきわめて重要であることを示した。道教委では、その体制づくりをあらかじめモデルとして示し、学校改善を加速させることができるよう、2015（平成27）年度から「授業改善推進チーム活用事業」に取り組むこととした。本事業は、学力向上に意欲的に取り組む3校に、指導力に優れた教員を授業改善推進教員として1名ずつ配置して、3名でチームを組んで、1週間を単位として同一の学校に勤務し、全学級に入って各担任の授業改善を促すものである（図3）。2018（平成30）年度は23チームを63校に配置している。

　授業改善推進教員は、3人で手分けをして全学級に入り、国語および算数ティーム・ティーチングによる授業改善、学習規律やノート指導の徹底、チャレンジテストの効果的な活用、校内研修支援等に取り組むことになっている。さらに検証改善を促す観点から、月ごとに推進教員、当該校長、当該市町村教育委員会職員、道教委指導主事による定例報告会を行い、事業目標の達成状況や今後の方策を共有し、次月に改善できる仕組みをつくっている。

　推進教員は、一人ひとりの経験や専門性、考え方などに違いがあることを受け止めつつ、ティーム・ティーチングを通して把握した改善点や担任が実践している効果的な取り組みを通信等で紹介したり、直接アドバイスしたりすることで信頼関係を構築しており、校内の授業改善が促進され、全国学力

調査の結果にも成果が見られる。

図3　授業改善推進チーム活用事業

5. 今後の課題と展望

　全国学力調査の全教科全国平均以上という目標は、未だ達成されておらず道半ばである。今後の課題を以下、簡潔に述べておきたい。

　成果を全道的に波及させることが重要であり、今後も引き続き、先述した取り組みを進めていく。また、これらの取り組みには教員の指導力向上が不可欠である。このため、今後は各教員の自己研鑽はもとより、道立教育研究所の研修の充実や、教育大学等とも連携した教員育成や現職教員支援の取り組みがますます重要となろう。加えて、子どもたちの生きる力を育むためには、幼児期からの取り組みが不可欠であり、非認知能力の育成を中心とした幼児教育の質の向上や小学校教育との接続など、将来の人格形成の土台づくり、学校生活の土台づくりをしっかりと進めていく必要がある。

　道教委では、今後、これらの政策を総合的に進めながら、本道の義務教育の改善に努めていく。

2章　教育委員会の取り組みで学力急上昇

《埼玉県》

一人ひとりを伸ばす教育をめざして

文部科学省専門教育課専門官／「埼玉県学力・学習状況調査」推進アドバイザー　　大根田　頼尚

1.「学力の向上」に込めた埼玉県の思い（「埼玉県学力・学習状況調査」がめざすもの）

　たとえば体育の授業において、50メートル走の目標として7.5秒を走れるようになろうとして、最初のタイムが児童Aは8.5秒、児童Bは7.0秒であるなか、練習を重ねた学びののち、最後に改めてタイムを計ったところ、児童Aは7.6秒に、児童Bは7.4秒だったときに、どちらを教育としてよしとすべきか。目標を超えているが成長しなかった児童Bではなく、目標を超えていないとしても、がんばるなかで成長した児童Aではないだろうか？

　学力においても同じことが言える。一人ひとりの児童・生徒を他者との比較ではなく、その児童・生徒一人ひとりにとって過去と比べて成長できたかどうかを最も重要視することが、埼玉県が「学力の向上」をめざす理由である。仮に平均点より低くても、過去の自分より成長した子どもを、その成長をもって褒めたいという思いがそこにはある。

　埼玉県では、第2期埼玉県教育振興基本計画において「一人一人の『生きる力』を確実に伸ばしていく」ことを掲げており、このことと埼玉県学力・学習状況調査のコンセプトは符合している。また、未就学段階から高校に至るまで、一貫して一人ひとりの成長に焦点を当てて育成していくということは、新学習指導要領の総則「改訂の経緯」において「何ができるようになるか（育成を目指す資質・能力）」が最も重要な視点として示されたこととも合致する。教師が何をしたか（何を教えたか）ではなく、その結果子どもがどう成長したかが常に問われているとも言える。

　教員・学校にとっても、学力は、学校教育だけで決まるものではなく、児童・生徒の社会経済要因などのさまざまな影響が複合的に合わさるなかで決まるものだ。学力の高い学校やクラス（教員）が、必ず学力の低い学校やク

ラス（教員）よりも優秀であるとは限らない。高い子は高い子なりに、低い子は低い子なりに、一人でも多くの子どもを少しでも多く成長させることができた学校・教員こそがよい学校、よい教員とされるべきではないだろうか。

　教育行政の側から考えても、成長の可視化は重要である。行政施策のみが結果のよい悪いを決める唯一の要因となるわけではない。行政がかかわることができるのは、変化量、すなわち付加価値の部分である。そして、有限である教育資源を最大限効果的に用いて、目的とする結果（より多くの成長）を導くための配分方法を検討する（エビデンスに基づいた政策形成〈EBPM：Evidence Based Policy Making〉）ためには、因果関係が推定できる形で調査を行い、データが分析できることはきわめて重要である。付加価値を用いて因果関係を推定するには、RCT（Randomized Control Trial）という実験方式が最適だが、これが諸要因により公教育において実現がむずかしいなかでは、IRTと縦断調査（後述）を組み合わせることが最も妥当な手段の一つと言える。これらにより、社会経済的な諸要因（SES：Socioeconomic Status）を一定コントロールすることが可能となり、施策や指導と子どもの成長との関係を因果関係として推定することができるのである（この手法でない場合、施策や指導と子どもの状況は相関関係でしかなく、その施策や指導によって子どもの状況が生じたのか、その状況がある子どもに当該施策や指導が行われたのかを峻別することがむずかしくなる）。

　このように、教育と行政の双方の観点から、「成長（付加価値）の可視化」が必要であり、そのために現在の埼玉県学力・学習状況調査（以下「埼玉県学調」と言う）が導入された。

2. 埼玉県学調の特徴

　一人ひとりの児童・生徒の成長、学力の伸びを調査するためには、①同じ児童・生徒を継続的に追いかけ、②その学力を正確に測るということが不可欠である。

　第1の継続的に調査をする点は、「縦断調査」や「パネルデータ」と呼ばれている。たとえば、ある年度の小5の平均点が50点で、次の年度の小5

の平均点が60点でも、小5の児童が異なるので、点数が伸びたのが施策や指導によるものなのか、単に子どもが異なるからなのかを区別することができない。成長や伸びをとらえるには、一人ひとりの児童・生徒を継続的に調査することが必要であり、埼玉県学調では、一人ひとりに番号を付与して、小4から中3まで継続的な調査を可能としている。

　第2の学力を正確に測るという点は、「IRT（Item Response Theory）」という統計理論を用いて実現している。たとえば、ある子どもを継続的に調査するとして、ある時点で50点だったものが次の時点で60点になったとしても、試験が易化したからなのか、子どもの力が伸びたからなのかが区別できない。「ものさし」をそろえることで、能力を正確に把握することが可能となる。これは、TOEFLやPISAなどでも導入されているテスト理論である。

　この二つの要素を満たしている学力調査は、全国で埼玉県学調が唯一である。

　埼玉県が、埼玉県学調を用いて、各学校において、確認をお願いしているのは、県や各市町村の平均との比較における、「○点高い」「△点低い」ではなく、昨年度と比べて、成長した児童・生徒の割合が増えたかどうか、その伸び率は向上したかどうか、である。したがって、本年度の結果を各（教科）担任に返却するのでは十分ではなく、前の年度に教えた（教科）担任に、結果を返し、自身の指導を振り返ってもらうことが重要だと考えている。そして、とくに昨年度1年間でより多くの児童・生徒の学力を向上することができたクラスや学年の取り組みを見つけ、その理由を学年・学校全体で分析することなどを通じて、よい取り組みを学年・学校全体に普及することをお願いしている。

　さらに、とくに課題のある児童・生徒については、一人ひとりに対して、調査結果と指導内容をセットにしたカルテ（「コバトンのびのびシート」）を作成し、次年度へ引き継ぐことをお願いしている。学年が進行し、（教科）担任が変わっても、その前の年度までにおいてどういった指導が行われ、その結果どのような成長が見られたのか（見られなかったのか）がわかれば、当該指導を継続するか変えるかを判断する材料となる。このように埼玉県学

調により、子どもの伸びを基軸として、各教員の、もしくは各児童・生徒への指導を毎年度検証し、その改善を図ることが可能となる。課題のある児童・生徒については、近年経済的な課題という切り口から、さまざまな対策が行われているが、埼玉県では、委嘱を受けた学校ごとに、より効果のあると仮説を立てた手法を実行し、より多くの児童・生徒がより多く成長した手段を見極める事業も、並行して進めている。

　埼玉県学調のもう一つの特徴は「非認知能力」「学習方略」についても同時に調査を行い、認知能力だけでなく、これらも伸ばすことができる指導のあり方、施策のあり方を模索している点である。「非認知能力」とは、「自制心」「自己効力感」「勤勉性」などのことであり、「学習方略」とは、計画的に学習しようとする態度や、苦手でもその気持ちを制御して学びに向かおうとする態度など、学習に向かう態度・戦略のことである。いずれも、先行研究より、認知能力向上にプラスに作用することが実証されているものであり、児童・生徒へのアンケート形式で、その向上度合いを調べている。「非認知能力」や「学習方略」は、いわゆる学力を向上させるためという観点だけでなく、学校教育においてこれまで大事にされてきた教育の要素を表すものであり、認知能力だけでなく、非認知能力や学習方略も伸ばすことができる施策・指導のあり方を考えていくことが必要であるという考えから、調査を実施するものである。

　これらの成長の可視化や非認知能力などの調査といった方向性に賛同していただいた県外の自治体の参加が増加している。2018（平成30）年度からは、福島県郡山市・西会津町・広島県福山市が、2019（平成31）年度からは、福島県全域と、宮城県白石市・高知県内複数市町村が参加することが決定している。とくに福島県とは、義務教育に関する連携協定を締結するなど、県域を越えたネットワークが広がりつつある。

　さらに、OECD（経済協力開発機構）においても、埼玉県学調は高い評価をいただいている。OECDにおいては、3年に1度のPISAという生徒の学力等を測定する調査や、TALISという教員の調査は行っているものの、PISAは毎回異なる15歳を対象としていたり、PISAとTALISが結びついていなかったりするため、因果関係として教員の何が生徒の能力を伸張させ

ているかを分析する手段を模索している。そのなかで非認知能力も含めて因果関係を明らかにしようとしている埼玉県学調に対して、OECD側と協働することで必要なデータ分析を行うことができないか、検討を進めている。埼玉県外や日本国外との協働によって、より子どもの成長のメカニズムを明らかにしていく取り組みを、埼玉が牽引したいと考えている。

3. 埼玉で県学調を導入した経緯

　埼玉県学力・学習状況調査は、2015（平成27）年度から開始された。さいたま市を除く県内の62市町村にある1,000を超える市町村立小学校・中学校において、小学校4年生から中学校3年生まで、毎年約30万人の児童・生徒が調査対象となっており、教科は国語、算数・数学、英語である。

　導入のきっかけとなったのは、「埼玉県5か年計画──安心・成長・自立自尊の埼玉へ（平成24～28年度）」を決めるプロセスにおいて、埼玉県議会より、それまで行っていた学力調査の拡充を行うことが求められたことにある。当時の担当課長（義務教育指導課長）に、文科省からの出向者（大江、2002〈平成14〉年度入省）が着任し、学力調査の拡充を行うのであれば、IRTと縦断調査を併せて導入し、子どもの成長が見える化できる調査とすべきと考えた。当時の教育長（関根郁夫前教育長）が、浦和高校長時代から、IRT・縦断調査に精通しておりその案を強力に推進したこと、当時の瀧川財政課長（総務省から出向）も、教育行政において投資効果分析が行える環境整備は必須との観点から、当該施策の実行に賛同した。こういった学力・学習状況調査の充実に対する関係各所の提案・賛同が重なることで、埼玉県学調はスタートした。

　私は、その後任として、義務教育指導課長を務め、2017（平成29）年度まで、埼玉県学調の実施を担った。

　導入から4年が経過し、一定程度校長を中心に、県学調の特長への理解や賛同が広まりつつある実感はある一方、教員一人ひとりにすとんと落ちるレベルとなるまでには、さらに、その趣旨をていねいに説明し、利用による現場の改善の実感（より多くの子どもが成長したという実感）を確保していくことが重要だと考えている。

4. 埼玉県学調の分析が示唆するもの

　埼玉県学調は、全国で初めて統計的な手法を用いることで、どのような指導が学力を向上しているかを推定することを可能とした。子どもに変化をもたらす最も大きな要因の一つは教員であることは論をまたないが、教員のどの要素が子どもの能力を伸ばし、またその教員の要素はどうすれば伸びるのかが、これまではブラックボックスであった。2015（平成27）年度から2017（平成29）年度分の調査結果を研究者に委託した分析により、能力向上に効果的な指導方法が一定程度わかりつつある。

　たとえば、「主体的・対話的で深い学び（以下『AL』と言う）は、子どもたちの非認知能力（自制心や自己効力感、勤勉性など）の向上や、学習方略（計画的に学ぶ態度や苦手でもがんばる態度）の改善を通じて、学力を向上させる」「学級経営（子ども同士の人間関係づくりや、教師と子どもの信頼関係づくり）が、主体的・対話的で深い学びの実現や、子どもたちの非認知能力、学習方略の向上に重要」といったことが因果関係として示されている。

　この分析から得られる示唆は、四つあると考えており、各市町村の校長会などでは、その4点を繰り返し説明している。第1は、一方的に教え込まれるよりもALのほうが学力を伸ばせるというデータ的な根拠が見つかったことである。各学校・教室においてALが有用であると自信を持ってその視点からの授業改善を進めることをサポートする結果と言える。

　第2は、ALが有効であるとしても、一方でALをやりさえすればよいわけではない点である。目的は児童・生徒の変容にあり、ALはそのための授業改善の視点である（手段である）という意識が重要であることである。「主体的・対話的な学び」というのは、単に学び合い、話し合いをする授業をしていればよいわけではなく、目的は、児童・生徒の変容、認知・非認知能力などを向上することにある。昨年度ベースで伸びた児童・生徒の割合を見て、自らの学びが目的を達成するに足るものとなっているかを常に問い続ける姿勢が必要であると考える。

　第3に、学力の向上には、ALや人間関係・信頼関係によって非認知能

力・学習方略の向上が有用である可能性があると記したが、これらの手段は、学力向上だけでなく、学校教育全体に通じる点である、ということである。今回のデータが示しているのは、学力の向上も、それ以外の学校教育活動と同様に、いかに児童・生徒の自制心・自己効力感・苦手でもがんばる態度などを伸ばしていけるかが、教育的な成果を出すうえで重要であるという点である。学力の向上とそれ以外の学校教育活動は二者択一ではなく、むしろ、これまで現場が大事にしてきたそれらの取り組みを肯定し、活かすなかから行われるべきものであることをデータは示唆している。

　最後に四つ目の示唆として、学級経営の重要性がある。ALと同様に、児童・生徒同士の人間関係、そして教師と児童・生徒との信頼関係が構築されていることが、非認知能力や学習方略の向上、そして学力の向上において重要である可能性が示された。ALの視点からの授業改善を行うことは重要であるが、ALと学級経営は車の両輪であることを十分意識した対応こそが、最終的に児童・生徒の資質・能力を向上させるという視点も大切にすべきであると考えている。

5. 教育データの収集・分析・利活用に関して留意すべきこと

(1)　データを扱うことへの疑問、EBPMの限界性

　以上四つの示唆に対しては、当たり前のことを言っていると感じるかもしれないが、それでよいのではないだろうか。そもそも教育という世界でデータを扱うことについては、「教育をデータで示すことはできない」という指摘がある。この意見は健全なものであり、この考え方はこれからも現場において大事にされるべきである。医師にとっての血液検査結果のように、その専門的な判断を助けるものとなるよう、教育におけるデータも、それが教育の成果のある一部を表しているにすぎない（教育の成果が200面体だとすれば、データで明らかにできるのは4面体程度である）という抑制的な態度のもとで、専門家である教師が参考として用いる程度のものだという認識がまず必要である。

　行政が教育データを活用する場合、「現場に受け入れられる」という点は最も重要な観点の一つである。教育政策は、立案だけでは不十分で、教室に

届いてはじめて意味を持つ。その意味で、政策立案者は、データを扱うにあたっては現場の文脈に沿った説明をする責任がある。埼玉県学調であれば、教育の本質は変化であり、データはそれを明らかにするためのものであることを全面に出したことで現場の理解が一定程度進められたと感じている。

そのうえで、データによって、この杖を振れば必ず学力が上がるといった、魔法の杖のようなものは見つからないと考えるべきである。解決策は常に現場の試行錯誤のなかにある。データができることは、教師という職をリスペクトし、その現場の努力、暗黙知・無意識の取り組みを「見える化」し、あくまで現場のサポート、がんばる教員を支えるためのものであるというスタンスが重要だ。その意味で、埼玉県学調の分析から得られた示唆が、仮に現場の感覚と合致したのであれば、それは喜ぶべきことである。

将来的なこととしては、データの蓄積が進むとAIを活用したアダプティブ・ラーニングも可能性として出てくるが、それをもって教師の職がいらないとはならないことは、埼玉県学調を見れば明らかだ。教師が得意とすること、データが得意なことをデータを分析して見極めていくこと、ビッグデータ・AIブームに安易に流されないためにも、データに基づくことが必要である。

さらに、政策判断においては、"Y"と"X"をきちんと決めて、継続的に検証していくことも大切だ。往々にしてX（たとえば、少人数指導）は多くの成果（Y）を念頭においているが、実際は限定された成果（例：テストで測定できる学力（y1-1-a））しか計測できないことがほとんどである。にもかかわらず、そのXとy1-1-aにおいて相関関係がないからといって、すぐに当該施策Xをやめるべきと結論づけるのは非常に危険である。成果の測定が十分にできていないことから相関関係を示せないにもかかわらず、相関関係がないことだけを理由に予算を取りやめることは、EBPMが予算をつけない言い訳に使われているとなりかねない。政策立案において、EBPMはあくまで参考情報であり、それだけが決定要因ではない、EIPM（Evidence Informed Policy Making）がより望ましい形である。

(2) 研究者との協働、データの収集・分析・利活用環境の整備

教育データの収集・分析においては、研究者との協働が必須である。行政

側においては、いかによいデータを提供できるか、また一定程度研究者がやりたい研究を許容できるかがポイントになる。また研究者側は、行政のニーズを理解して、ともに努力をしていけるかが成否を分けるだろう。行政側が提案する調査案は、さまざまな制約要因から、研究者にとっては完璧でないものも多いが、それを許容して進めていくなかで大きな研究となっていくことも多々ある。両者が議論し、折り合いをつけていく、「小さく始めて大きく育てる」ことが重要だ。

今後の課題として、教育データの収集・分析と利活用環境をどのようにしてより広範囲に整備していくかを考えることは喫緊の課題である。特定の企業や団体がデータを抱え込むのではなく、いかにオープンにしていくか。各自治体ごとの個人情報保護条例の違い、各機関で異なる教育データの規格を乗り越え、より利用汎用性の高い教育データおよびその利活用ルールの整備を国内外でどのように進めていくか、自治体より広い単位での迅速な検討が求められるのではないだろうか。

(3) 教室に届く教育行政を

解決策（処方箋）は常に現場に存在するという意味では、埼玉県学調を基に指導改善をというのもまた、教師が専門職であることからの帰結である。教師の職務は専門性の高いものであるからこそ、その改善策は、常に教師同士の密な議論のなかにこそ、その糸口が存在する、と信じる。教師が、自ら教えた結果について自省し、またより伸ばした取り組みからその理由と実効策を仮説として抽出し、実行することが最も効果的な授業改善である。県学調は各学校に、どの取り組みが効果を生んだかを発見する手立てを提供するが、それを基に教師が学びあう環境を整えられるか、そして教師が学んだことを教室で実行するところまで担保する、まさに「教室に届く教育行政」となるかは、管理職次第であり、教師が学び合う環境をいかにつくれるか、管理職の奮闘が求められる点である。

6. 全国学力・学習状況調査の活用方法について

埼玉県では、埼玉県学調とともに、全国学力・学習状況調査（以下「全国学調」という）の活用も強く推進している。具体的には、問題を教師自身が

解くことと、児童・生徒が同様の問題を解くなかで定着の見届けを行うことの２点である。

　授業「改善」とは、現状があり、目標があり、その間を埋めていくプロセスを指している。したがって、目標、すなわち身につけさせる資質・能力をまず知ることが授業改善の第一歩であり、全国学調の問題は、求められている資質・能力が端的に表れていることから、それを知るための最も有用な手段の一つであり、学校全体で問題を解く必要がある。

　また、全国学調については、授業・単元の最後に定着の見届けに活用することもお願いしている。一貫して述べてきたとおり、教師が教えること自体はプロセスであり、その結果として児童・生徒が変容したか、定着の見届けが行われない授業は不完全であると言わざるを得ない。そして、求められている資質・能力が端的に表れているのが全国学調である以上、その問題を県において学年別・領域別・レベル別にまとめた「コバトン問題集」や、その問題に沿ってつくられている埼玉県学調の「復習シート」を授業・単元の終わりに定着の見届けとして使うことは、重要な活用方法の一つであると現場に説明している。

*

　埼玉県において一貫しているのは、児童・生徒一人ひとりに資質・能力をつけること、児童・生徒一人ひとりを変容することが最も重要であるという点である。さまざまな施策、手法は、教師による授業も含めてそのためのプロセスに過ぎない。埼玉県学調・全国学調のそれぞれの特長を活かし、一人でも多くの児童・生徒が、そして教師が、学校教育を通じて、児童・生徒の変容を感じられるようになるよう、現場を支えられる教育行政であり続けたいと、一行政官として強く思うところである。

2章 教育委員会の取り組みで学力急上昇

《福岡県北九州市》

教育委員会改革による学力向上

福岡県北九州市教育委員会学力・体力向上推進室

1. 北九州市の学力の状況

北九州市の全国学力・学習状況調査の結果は、2007（平成19）年度以来、厳しい状態が続いていた。改善の兆しが見え始めたのは、ここ数年来のことである。全国平均正答率を超える教科もようやく出てきた（図1）。

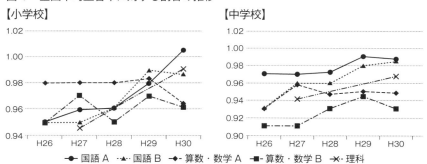

図1　全国平均正答率に対する割合の推移

なぜ、膠着状態を脱したのか。

その背景には、学校現場と教育委員会がともに、知恵を絞り、汗をかきながら、進めていった学力向上への取り組みがある。

まだ道半ばであるが、今も奮闘を続ける本市の取り組みの途中経過として、その足跡をここに紹介する。

2. 北九州市の子どもの将来のために

「子どもたちの将来に向けて、確かな学力をつけて送り出したい」。

これは、本市の義務教育に携わる誰もが願っていることである。

しかし、「そもそも、なぜ学力の向上が必要なのか」ということについ

て、教育委員会と学校現場の間で十分な共通理解ができているとは言い難かった。2007（平成19）年度の調査開始以来、学校現場における全国学力・学習状況調査の結果の受け止め方はさまざまであった。厳しい調査結果を危惧する声や教育委員会の取り組みを期待する声がある反面、「点数で見えることがすべてですか」「卒業後もたくましくやっていますよ」「元気が一番じゃないですか」「心の育ちはよいのですか」など、率直な意見も多くいただいた。「人格の形成」か、「テストの結果」かといった、一見、相容れない意見が混在している状態だったのである。「子どもの将来のために、みんなの思いを一つに」。本市には、そのための方向性を示す必要があった。

3. 教育委員会の自己変革——すべては県外視察から始まった

　本市全体で方向性を一つにして学力向上に取り組むためには、まず、そのよりどころとなるものが必要である。その指針となる「学力・体力向上アクションプラン」を策定するにあたって、学力向上に先進的に取り組む自治体に学ぶことにした。それまで、学力向上についてさまざまな施策はあったが、他の自治体に学ぶ視察を積極的に行っていなかった本市は、まず視察候補地の情報収集からのスタートであった。

　視察先には、まず近年、学力の向上がいちじるしい自治体を選んだ。そこで出会ったのは、私たちの想像をはるかに超えた熱い思いをもつ「人」と確かな「取り組み」だった。ある自治体では、全指導主事で取り組んだという「中学校定期考査へのコメント」がつづられた分厚いドッヂファイルを見せていただいた。管理職とミドルリーダーを対象として、数えきれない回数の学校訪問も行っていた。教育委員会総力をあげて現場と共に汗をかいていることがわかった。

　別の視察先では、参考文献の数に圧倒された。「学力向上」にかかわる本が数メートルに渡ってびっしりと並んでいる。理論から地域振興策としての学力向上まで、実に広い視点に立った選書であった。「単に目先の点数を追うのではない。教育によってこの街をよくしたい。子どもたちに夢や希望を叶える力をつけたい」という決意が感じられるものだった。それらを担当者間で共有し、施策に生かしているという。すべての本から覗き見える付箋

が、その学びの深さを物語っていた。どの視察先でも施策の「本気度」を痛感する。「熱い思い」だけではない。理論や緻密な分析がそれらを支えている。

「まるで『本気度』が違う。自分たちも『やってきたつもり』であったが、知らず知らずのうちに井の中の蛙になってはいなかったか。まずは自分たちが学び、変わらなければ」。視察の帰りには、異口同音に思いを語り合った。

4. 本市の学力向上策──「学力・体力向上アクションプラン」

まずは、自分たち自身が深く学ばなければならない。「学力・体力向上アクションプラン」の策定にあたり、他の自治体の視察に加え、学校現場との意見交換、文科省関係者や大学関係者などの有識者との懇談、全国の最新の教育動向の情報収集などを行った。管理職のリーダーシップや同僚性が発揮され、好循環を生み出した事例は、本市に新たな視点を与えてくれた。

めざすのは、誰もが納得できるプランの策定である。冒頭で触れた「人格の形成」か「テストの得点」かという二項対立的なものから、「未来を生きる子どもに確かな学力を身につける」という一致した願いが具現化できるものにしなくてはならない。作成には、教育課程等を担当する指導第一課、生徒指導を担当する指導第二課、特別支援教育課、教育センターなど、指導部全体の部課長、指導主事、職員がかかわり、それぞれの視点から意見を述べた。

また、策定の途中、義務教育後の子どもの状況を再確認するために、私立高校等に赴いた。学校の話によると、高校入学後に中学校までの学習内容に遡って補充をしているという。必要な力を身につけないままに困っている子どもが多くいるのである。その実態を知り愕然とした。学校の言葉を重く受け止め、「変化の激しい時代を生きる本市の子どもたちに、どのような力を身につけさせなくてはならないか」という視点からも、さらに議論を重ねていった。

本市が擁する小学校は131校、中学校は62校（2018〈平成30〉年度現在）である。それらの学校の異なる状況も踏まえて課題を改めて整理し直

図2 「学力・体力向上アクションプラン」

【柱1】全校体制でのPDCAサイクルの確立

【柱2】指導力向上のための日々の継続的な取組

【柱3】学力定着に向けた協働的な取組

学力向上

【今後3年間で取り組む、学校、家庭・地域での具体的取組】

【柱1】全校体制でのPDCAサイクルの確立
○ PDCAサイクルに基づく学校の組織的な取組の推進
　・各学校における全校体制の確立
　・学力調査等の実施と児童生徒への指導の充実
　・調査結果等に基づく「スクールプラン」の策定・実施・検証・改善
　〈教育委員会の支援〉
　・学力向上学校訪問の充実　　・学力向上講習会の充実
　・教育センター研修の充実　　・「北九州市学力向上だより」による情報提供
　・シンポジウム・懇談会等の開催
○ 学力・体力向上策をつなぐ教育委員会の体制の確立

【柱2】指導力向上のための日々の継続的な取組
○ よい授業イメージの共有と授業を「行う・見る・語り合う・振り返る」活動の日々継続的な実践
　・全員研修会及び学校大好きオンリーワン校の公開授業の活用
　・動画を活用したWEBによる研修の活用
　・「『わかる授業』づくりの5つのポイント」のリーフレット及び点検シートの活用
　・教師のしおりの活用
　・総合的な学習の時間、特別活動、道徳教育の充実やアクティブ・ラーニング等を推進するための資料等の活用
　・授業力向上ステップアップ事業の実施
　　（学力向上推進教員の配置・派遣、評価問題の改善・充実、校内研修の改善・充実）
　・教育研究論文の部門の見直し　・授業づくり共同研究の見直し
○ 教育活動の一層の充実のための取組の推進
　・学校図書館教育の充実　・ICTの活用と英語教育の充実

【柱3】学力定着に向けた協働的な取組
○ 児童生徒一人一人へのきめ細かな教育の確立
　・学力定着のための学校独自の取組の組織的実施
　・学校との連携等による子どもひまわり学習塾の充実
　・指導方法工夫改善加配教員等の効果的活用のための工夫
○ 学力向上につながる家庭・地域との連携
　・家庭学習の指導の充実
　・乳幼児期からの望ましい生活習慣づくりなど学びの基盤づくりの取組
○ 確かな学力を育む校種間の連携
　・小中連携の充実　　・保幼小連携の充実

し、取り組みの方向性がまとまった（図2）。

「学力・体力向上アクションプラン」は三つの柱から成る。各施策・取り組みを柱1「全校体制でのPDCAサイクルの確立」、柱2「指導力向上のための日々の継続的な取組」、柱3「学力定着に向けた協働的な取組」の三つに分類・整理した。実は、この柱1の「学校マネジメント」の観点が、これまでの学力向上策のなかでは十分意識されていなかったのである。

5．学力向上策の推進——種をまく前に畑を耕す

「学力・体力向上アクションプラン」を絵に描いた餅に終わらせないために、「学力・体力向上推進室」を創設し、各課と連携しながら取り組みを進めたが、スタートの年には、新規事業への批判的・懐疑的な声が多くの学校からあがってきた。さまざまな取り組みへの戸惑いがあることは当然である。しかし、それ以前に、新しい施策の意味・意義・価値を伝えきれていなかったことが大きな反省点となった。校長会の代表との意見交換や全校長への説明等だけでは浸透・徹底はむずかしいことを実感したのである。これまでの取り組みへの自負、変化への抵抗感など、いわゆる慣性の法則が強く働く現場に施策の種をまく前に、それを受け入れる畑を耕す大切さを学んだ。

その反省に立ち、まず、学校現場とつながる全課の指導主事・係長の研修において、自分たちでテーマを立てながら施策の意味・意義・価値の共有を行った。また、ややもすると「上意下達」の雰囲気があった学校訪問や校長会議では、伝達事項を最小限にとどめ、部課長が直接、教育委員会の方針やそこに込められた思いを伝えるようにした。学校現場と共につくっていく、「共感」を伴う施策の推進は、今も本市の大きなテーマである。

6．学校マネジメントを支援する

「学力・体力向上アクションプラン」の柱1は「全校体制でのPDCAサイクルの確立」、つまり、「学校マネジメント」である。これを柱1に据えたのは、すべての取り組みの成り行きを左右するものであると考えたからである。もちろん、柱2、柱3は、学力向上の核をなす重要な取り組みであるが、ここでは、柱1を中心に述べさせていただく。

本市においては、これまで、教育センターの新採校長研修や教務主任対象の研修で「学校マネジメント」を取りあげてきた。また、マネジメント能力を発揮して学力向上に成果をあげている校長もいた。だが、学力向上の施策において、各校のマネジメントへの支援は不十分であったという反省がある。

　本市教育委員会の課長が秋田県の視察に行ったとき、そのマネジメントに感銘を受けたというエピソードがある。校長時代、学校マネジメントを強く意識し、学力についてもベクトルを揃えた取り組みをしてきたつもりだったが、秋田県の授業を参観して目からうろこが落ちたというのである。「新採・ベテランにかかわらず、どの先生の授業でも、めあて、個人思考、集団思考、まとめ、ふり返り、といった流れができている。この徹底ぶりは、一朝一夕にできるものではない。共通の授業スタイルを小学校6年間、中学校3年間、義務教育9年間貫くことで、子どもたちの学力向上につなげている。そのマネジメントのあり方が実にすばらしい」と舌を巻いていた。本市にも授業力の高い教師や教科の研究を牽引する学校は存在する。しかし学校全体の授業スタイルが揃い、系統的・計画的な学力の育成を行っている学校は多くなかった。そこで、校内のベクトルを揃える「学校マネジメント」を支援するために、主に以下のような施策を設定した。

7. スクールプランで全校体制によるPDCAサイクルの確立へ

　目標の実現に向けて学校全体で取り組みを進め、成果を出していくには、適切な期間でPDCAサイクルを回すことが必要である。それを可視化するツールが「スクールプラン」である（図3）。

　これまで、「学校マネジメント」を進めるうえで考えられる課題は、以下のような点である。
○目標達成に向けた取り組みが抽象的で具体性に欠ける。
○年度当初の計画後、調査結果を基にした検証・改善は年度末のみ。
○分掌が曖昧で全校体制での取り組みになっていない。

　教育委員会も学校に対して、年度当初にさまざまな面からの分厚い年間計画の提出を求めていたが、それが形骸化していたきらいがあり、いつしか作

成の意義よりも、学校現場の作業の負担のほうが大きくなっていた。そこで、これまでのものを精選したうえで、全市の小中学校に「学校マネジメント」を推進するためのツールとして、シートの作成の導入を試みた。

図3　スクールプランの様式例

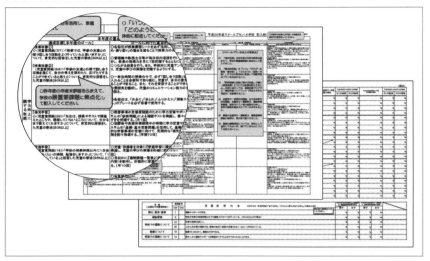

　図3のように、「学力」「体力」「心の育ち」「学校組織と研修」の4カテゴリーにおいて、「達成目標」を設定し、それに向かうための「重点的取組」を定め（P・D）、学期ごとに「中間評価」でチェックし改善を図ろう（C・A）とするものである。学期ごとにPDCAサイクルを回すとともに、年度末には来年度の「達成目標」「重点的取組」を設定することで、年度をまたいでPDCAサイクルが回るようにした。

　「達成目標」の設定には、子どもの質問紙の数値を活用するようにした。学力・体力向上の中核となるのは授業改善である。子どもの授業等への受けとめ方の変容を大切に見ていこうというものである。これらをボトムアップで作成、教職員の自己評価とも連動させることで、全職員のベクトルを揃えるツールとして活用する学校が増えてきた。

8. 学力・体力向上学校訪問

　この「スクールプラン」の実現を支援するために、教育委員会としては、年間2～3回の「学力・体力向上学校訪問」を実施した。2015（平成27）年度は指導主事のみの訪問という形で実施されていたが、教育委員会の部課長も共に訪問する形に変えている。これにより、教科等の内容に加え、学校マネジメントの視点からも、具体的な指導・助言が可能になった。

　2016（平成28）年度は、指導部と学力・体力向上推進室の13名の部課長が総出で、約800回以上の訪問を行った。とくに、部長級（指導部長と学力・体力向上推進室長）の2名は400回以上、学校を訪問している。年間の訪問のうち1回は、学校の代表者による「代表者授業」とそれを基にした「校内研修会」を位置づけている。ボトムアップで校内がめざす授業イメージを共有する好機である。担当の指導主事は、その視点からも価値づけを行った。施策についての腹を割った意見交換も行い、思いが響き合う校長・ミドルリーダーが増えていった。

　学校訪問するに当たっては、各分析結果やスクールプラン等を基に、参観の視点や具体的な支援案の共通理解の場を設けた。そのための資料は学力・体力向上推進室があらかじめ準備した。また、訪問先で得た好事例を共有することで助言のための資料もさらに充実した。

9. アクションプラン第1ステージを振り返って

　アクションプラン開始から3年経った現在（2018〈平成30〉年度）、スクールプランは学校マネジメントの確立に役立つツールとして徐々に浸透してきた。今では、自校の状況に合わせてアレンジを加えながら、子どもたちの学力・体力向上に向けて効果的に活用する学校が増えてきている。それとともに、全校体制での授業改善・補充学習への取り組みが進み、徐々に結果として表れ始めた。

　教育委員会の意識も大きく変わった。これまで、ビルドビルドで取り組みを進めていたが。学校が自立的にマネジメントするなかで、研修や論文など、その意義を問い直し、役割を果たした施策は思い切って「終了」とし

た。また、委員会内の意識改革を行うことで、指導主事の業務の軽重が明確となり、大幅な業務改善につながっている。

10. 次のステップへ——新学力・体力向上アクションプラン

　このアクションプランも2018（平成30）年度をもって、第1ステージが終了する。当初は、次々と打ち出される施策に学校現場からは戸惑いの声も多かった。しかし、この3年間で、教育委員会と学校の意識は大きく変わった。そのなかで、OJTの推進に向けたワークショップ型研修、本市で設定している「わかる授業づくり 5つのポイント」を基にした全校体制での授業改善などが一気に進み始めた。小学校では、これまで培った主題研究の文化を生かしながら、より主体的な授業改善の取り組みが進み始めている。それに伴い、全国学力・学習状況調査の結果に改善の兆しが見え始めた。また、体力の結果は、政令市トップクラスまで急上昇するなど、いちじるしい成果が見られている。まさに、教育委員会自身の意識改革に始まり、学校とともに歩んできた結果である。

　今現在も、他の自治体に多く学ばせていただいている本市だが、昨年度から、視察の受け入れの依頼が入るようになった。まだまだ、道半ばではあるが、本市の学校や教育プランについて見ていただくのは、励みであり勉強になる。試行錯誤も含めた本市の取り組みが少しでもお役に立てば幸いである。

　2019（平成31）年度からは、「アクションプラン第2ステージ」がスタートする。今後は、新たな教育課題の解決に向けて、より主体性をもった「学校マネジメント」が求められる時代となる。この3年間がもたらしたムーブメントを一過性のものにしないために、そして、自ら歩き出した学校をいっそう支援するために、「筋肉質な、力のある教育改革」を進めていきたいと考えている。

2章　教育委員会の取り組みで学力急上昇

《兵庫県尼崎市》

さらなる高みをめざして

前兵庫県尼崎市教育委員会教育長　**徳田　耕造**

　尼崎市は兵庫県の南東部に位置し、面積が約50万㎢、人口約45万人の中核市である。学校関係では小学校41校、中学校17校（別に夜間中学校分校1校）、特別支援学校1校、公立幼稚園10園、市立高等学校3校の73校園を所管しており、園児・児童・生徒数は約3万4千人、教職員数は約2千人である（2018〈平成30〉年5月1日現在）。学力に関しては、1970（昭和45）年頃から高等学校への進学希望者が急増してきたこともあり、「学力向上」に対する市民の要求が高まっていたものの、根拠となるデータが明確でないまま、「尼崎の子どもたちの学力は低い」と言われてきた。

1. 学力向上の成果

　まず図1のグラフ[1]を見ていただきたい。これは「全国学力・学習状況調査」（以下、全国学調）における全国の平均正答率と本市との差（中学校分）を表したものである。これからも明らかなように本市では全国学調において、その差を約10ポイント縮めた。

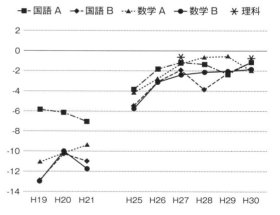

図1　中学校における推移（全国平均正答率との比較）

　では、なぜ中学校の成績が伸びたのか、その原因の一つは「小学校における学力向上」である。本市は2004（平成16）年5月に全国レベルと比較可能な業者テストを初めて実施（小5・中1・中3）し、その結果はすべての学年・教科において全国平均を下回るという衝撃的なものであった。

それ以後、市議会でも「学力向上」に向けて要求が高まり、調査を継続しつつ、尼崎市教育委員会（以下、市教委）としても本格的に取り組むことになった。それに伴い、図2のグラフにあるように、小学校（5年生）において全国との差を縮めていき、全国を上

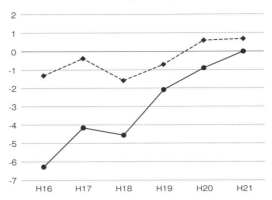

図2　業者テストにおける全国平均との差（小5）

回るまでになった。すなわち、まず小学校の学力が向上し、その学年が進行するにつれ、中学校も上がってきたのである。

　もう一つは、「市教委の支援」である。学力向上に関する予算は2005（平成17）年度以降、毎年増額され、2008（平成20）年度には年額2億円を超え、それは現在も継続されている。断っておくが、本市は中核市のなかでも最も財政的に厳しく、職員の削減や賃金のカットを実施しなければならない状況であった。そのようななかにおいて、予算の増額を認めてくれた市長はじめ市長部局の方々には、大いに感謝しているところである。市教委としては、これまで学校が「受け身」の姿勢であったことから、積極性・自主性・主体性を確保するよう「High Challenge High Support」を掲げ、「がんばっている学校」と「しんどい学校」[2]に手厚く支援を行ってきた。

　具体的な支援事業をあげてみると、①「計算力向上事業」である。児童の計算力を向上させるべく、当時の特区制度[3]を活用して新たに「計算科」の授業を導入した。市内外の珠算振興会から指導者を派遣してもらい、その対象を順次拡大し、現在ではすべての小学校3・4年生において実施している。②「言語力向上事業」である。学校図書館に司書等を配置することにより、図書の整理だけでなく、お薦めする本や読み聞かせなどを充実させた。現在では、すべての小学校において授業のある日には配置されている。③「指導補助員の加配」である。必要に応じて、教員免許をもった指導補助員

を市独自で加配することにより、複数指導を可能にし、きめ細かい指導を行っている。④「放課後学習」である。週１〜２回、放課後に教員OBや大学生等の協力も得ながら、補充的な学習活動を実施し、基礎学力の定着を図っている。⑤「若手教師への支援」である。新任教師を大量に採用する時期であったことから、退職校長等をアドバイザーとして採用し、若手教師に対し日頃の授業に関する具体的な助言を行うとともに、授業の上手な現役教師をマイスターとして認定し、授業方法や内容を伝えてもらっている。⑥「視察や研修」である。先進的な取り組みを行っている学校への視察や大学の教授等による継続的な指導が可能となるよう、その費用を措置している。

これら以外にも、啓発誌の発行や学校独自の学習の手引き作成なども支援してきた。

これらの事業を通して、校長をはじめ学校現場は「市教委は本気で、学力向上をめざしている」と、理解してくれたのではないか。市教委自らが汗を流すことなく、学校現場を叱咤激励するべきではないと考えている。

2. 全国学調の分析から見えてくるもの

では、具体的に何が変わってきたのか。全国学調における中学生の質問紙調査からは、教師の授業に関する「工夫改善」が明らかになっている。図３・４のグラフ[4]を見ると、これまでの一斉授業から「主体的・対話的な学び」が積極的に取り入れられていることがわかる。なお、これらの学びが可能となったのは、個々の生徒に対するきめ細かな指導

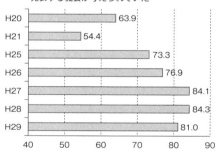

図３　全国学調の生徒質問紙調査
(58) １，２年生のとき受けた授業では、自分の考えを発表する機会が与えられていた

H20	63.9
H21	54.4
H25	73.3
H26	76.9
H27	84.1
H28	84.3
H29	81.0

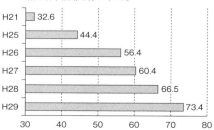

図４　全国学調の生徒質問紙調査
(59) １，２年生のとき受けた授業では、生徒の間で話し合う活動を行っていた

H21	32.6
H25	44.4
H26	56.4
H27	60.4
H28	66.5
H29	73.4

を積み重ねることにより、「荒れ」が収まり、静かな学習環境が可能となったからである。

さらに、家庭における学習に関しても、図5のグラフにあるように「家で、自分で計画を立てて勉強している」という率も高まってきている。その他にも「学校の授業時間以外に、普段、1時間以上勉強している」や「自分には、

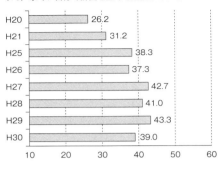

図5　全国学調の生徒質問紙調査
（10）家で、自分で計画を立てて勉強している

よいところがある」「家の人と学校の出来事について話をしている」も10ポイント以上増加しており、これらから家庭における学習や生活が好ましい方向に変化していることが窺える。

　一方、課題としては授業力の向上があげられる。確かに、授業のなかに「主体的・対話的な学び」が取り入れられてはいるものの、「授業の形態」[5]と正答率の関係を分析してみると、小学校においては「当てはまる」と「当てはまらない」と答えた児童の間で明確な正答率の差が見られるものの、中学校においてはほとんど差が見られなかった。これは中学校における授業において、「目標」や「振り返り」「まとめ」の必要性や重要性が十分に共通認識されておらず、形式的になっている可能性があるということである。今後は、ワークショップ型の授業研究など、教科を越えた教師間の話し合いを活性化させ、授業の「質」を高めることが求められている。

　つぎに、全国学調の学校調査から見てみよう。学校調査には当該学年の就学援助率がランク別に記入されている。これまでも全国学調の分析を行った大学等の研究者[6]からも「世帯収入と学力の関係」において、「概ね世帯収入が高いほど、子どもの学力が高い傾向が見られる」ことが明らかにされている。同様のことが、学年単位ではあるが本市においても見られるのかを調べた（表）[7]。これらから就学援助率と平均正答率の間には、すべての教科において明らかな相関関係があることがわかる。この傾向は、過去3年間を調べてもほぼ同様の傾向が見られた。3教科合計で見ると、小学校において

表　当該学年における就学援助率と正答率について（H30）

①小6の場合

就学援助率		国A	国B	算A	算B	理科	3教科合計
15%未満	平均値	72.7	56.1	65.8	53.4	60.1	308.9
15〜20%	平均値	71.5	54.7	66.1	52.2	58.8	303.9
20〜25%	平均値	68.3	51.5	62.2	50.6	56.9	289.6
25〜30%	平均値	63.2	47.4	56.5	44.8	52.8	264.8
30〜50%	平均値	62.4	47.2	55.3	42.4	52.8	260.3

②中3の場合

就学援助率		国A	国B	数A	数B	理科	3教科合計
15〜20%	平均値	77.0	61.3	67.3	48.2	66.5	320.5
20〜25%	平均値	74.6	59.3	64.2	44.8	64.8	307.9
25〜30%	平均値	74.3	58.7	62.5	43.0	64.5	303.6
30〜50%	平均値	74.3	59.2	62.0	40.8	62.2	298.4

顕著に表れており、その差は40ポイント以上であり、「しんどい学校」の学力向上は困難を伴うことが明らかである。

　その一方で、同じ就学援助率の学校であっても、学校間において大きな差（3教科合計で、小学校で50ポイント以上、中学校でも40ポイント以上）がある。このことは、「しんどい学校」のなかでも「正答率の高い学校」が存在することを示している。実際に、小学校では就学援助率が「30〜50％」の学校で1校、中学校でも「25〜30％」の学校で2校、全国の平均正答率を超えている。これらの学校に共通するものとしては、学級崩壊や荒れのない「落ち着いた学習環境」のもと、「授業改善を含め、教師の前向きな姿勢」や「基礎的な学力を定着させるためのシステム」などがあげられる。さらに、小学校においては、子ども同士のタテのつながりや子どもと一緒に遊ぶ教師、教師間における信頼関係など「豊かで温かなつながり」や、授業のなかでの「話し合いや発表」が定着している。また中学校に関しては、「家庭学習の定着」や「生徒と教師のコミュニケーションの重視」「小学校や地域との連携」にも積極的に取り組んでいる。

　これらの学校を含め、同一の学校でありながら、以前と比較して「顕著な成果をあげている学校」を「全国学力・学習状況調査　結果報告」として、その具体的な取り組みとともに、毎年本市のホームページで公表している。

3. 学力向上を支える力

　私は学力を向上させるためには、個々の教師が「授業の工夫改善」をし続けることが大切であり、同時に家庭で「よりよい学習や生活」を定着させる

必要があると考えている。本市においては、2003（平成15）年から、教師の大量退職・大量採用が続き、現在では35歳以下の教師が小学校では56％、中学校でも37％になっており、少なくともこれまでは、ベテラン教師の指導のもと、若手教師が切磋琢磨している状態である。教師が活き活きと指導できる環境とともに、必要に応じて学習等へのサポート要員や研修に関する費用などを手厚く措置することによって、それらが相乗効果として表れたと考えている。

その一方で、学力向上だけではなく、道徳教育の充実をめざした「こころの教育」の実施や、生徒自らが課題を解決していく力を身につけるための「社会力育成事業」、さらに教育振興基金（ふるさと納税）を活用して、コーラスや吹奏楽の活性化を図る「音楽のまち尼崎事業」や、英語検定の受検や体験活動を促す「英語学習事業」などを通じて、個性をより伸ばす事業も積極的に展開している。

さらに、ハード面では、教育環境の充実を図るため、これまでに小学校4校、中学校5校を統合するとともに、耐震化事業により、校舎も大幅に改築・改修されている。さらに念願であった空調もすべての普通教室に設置を終えた。

4.「さらなる高み」をめざして

これまで見てきたように、本市においての学力向上はその成果を確実に出してきている。ただ、図1のグラフにも見られるように、全国学調の平均正答率は「ほぼ全国レベル」と言えるものの、小学校も含め全国平均を超えてはいないし、ここ数年は横ばい状態が続いている。

さらに学力を向上させたいのだが、学校にはこれまでも○○学習などを含め、課題教育への要請が増えているわりに、教育課程全体として見直しされたものはほとんどなく、学校は「膨れ切った状態」になっていることもまた事実である。

そのようななかでも、学校現場や市教委において、やれることはある。その一つ目は、「エビデンスに基づいた学校運営」である。確かに、学校教育のなかには「数字では評価されない」大切な面はあるし、長期的に見ないと

判断してはいけない面も多々ある。かといって、これまで数字をあまりにも軽視してきたのではないか。たとえば「学校が最近、よくなった」と言っても、具体的に何がよくなったのか、保護者や地域の人々にはわかりにくい。数値を掲げて、目標を設定し、具体的に取り組むことは学校現場における努力と苦労を理解してもらうためにも大切である。また、本市では今年度から小１から中２までを対象とした「あまっ子ステップ・アップ調査事業」[8]を年度末にかけて実施することになった。この調査により、各学年における個々の学習到達度や生活が明らかになるとともに、学習のつまずきを早期に発見し、対処することが可能となる。さらに大学等研究者と連携して分析し、現在実施している教育施策の有効性も検討していく予定である。

　二つ目は、「流れる水は腐らない」である。私はどのようなすばらしいシステムやルールであっても、日々形骸化し、腐っていくと考えている。だが、一般的に学校の現場は対象とする子どもたちが同じ年齢であり、総じて大きな変化がないため、自ら変わろうとする力が弱い。その一方で、社会や時代は常に変化しており、教育行政（国・県・市も含め）は変革を求めている。市教委は学校現場との折り合いを保ちつつ、ハードとソフトの両面において、「水を流していく」ことが重要な仕事である。その支援についても、どの学校も「同じではない」ことを踏まえつつ、「しんどい学校」を励ますとともに、「がんばっている学校」が増えるように支援すべきである。

　最後に、本市においては今年度から新たに文部科学省から松本眞教育長が着任された。これまでにない新たな幅広い視点とともに、全国的に優れた取り組み等も取り入れながら、さらなる高みをめざして、その取り組みは「第２ステージ」に入ったところである。

《注》

(1)　2010（平成22）〜2012（平成24）年度は、全国学調が抽出調査であったため、また2011（平成23）年度は東日本大震災のため、全国学調そのものが中止されている。
(2)　「しんどい学校」とは、きびしい生活を抱えた児童・生徒が多く在籍している学校という意味で、主に関西地方で使われている。
(3)　2004（平成16）年３月に国から「尼崎計算教育特区」の認定を受けており、現在では「教育課程特例校」として認められている。

(4) このグラフは、文部科学省から送られてきた「集計支援ツール」を使い、さらに質問項目のうち、「当てはまる」＋「どちらかといえば、当てはまる」と回答した生徒の率を合計したものである。なお、図3・4のグラフに関しては、2018（平成30）年度には設定されていなかった。
(5) 「授業の形態」とは、調査項目のうち、いずれも1・2年の授業のなかで、「目標が示されていた」「授業の最後に学習内容を振り返る活動を行っていた」「授業で扱うノートには、学習の目標とまとめを書いていた」の3項目の回答をまとめ、4等分したものである。
(6) お茶の水女子大学の研究チームによって、「平成25年度　全国学力・学習状況調査（きめ細かい調査）の結果を活用した学力に影響を与える要因分析に関する調査研究」が公表されている。
(7) 全国学調の学校調査においては、当該学年の就学援助率（援護家庭および準援護家庭）がランクに分けて、記入されている。
(8) 中3は、進路対策とも合わせた形で、別に6月と11月に業者テストを実施している。

2章　教育委員会の取り組みで学力急上昇

《埼玉県戸田市》

Society5.0の社会に向けた教育改革

埼玉県戸田市教育委員会教育長　戸ヶ﨑　勤

　戸田市は、住民の平均年齢は40.5歳と若く、23年間にわたり埼玉県内で最も若い自治体で、今後もしばらく人口増加が続くことが予測されている。平成20年代後半まで非行問題行動等によりいわゆる「荒れた学校」もあったが、現在は落ち着きを取り戻すとともに、学力も着実に向上してきている。

1. 未来を見据えた教育改革

(1) 戸田市が描く未来の教育

　Society5.0時代の主役である子どもたちに「AIでは代替できない力」と「AIを使いこなす力」を身につけたいと考え、21世紀型スキル、汎用的スキル、非認知スキル等の育成に向け、着任後約3年間攻めの教育行政を進めてきた。

(2) 産官学の知のリソースの活用

　これらのスキルの育成は、学校や市内の限られたリソースだけでは厳しいと考え、産官学との連携による知のリソースを活用することとした。その連携で、変化する社会の動きを学校に取り込み、世の中と結びついた授業展開により、「社会に開かれた教育課程」も実現でき、学校や教育委員会も変わっていける。また、常にファーストペンギンをめざすことで、専門的知見や最先端の教育を安価に導入したいと考えた。今では多くの企業等と多様でインタラクティブな関係を構築している。連携の特徴は次のとおりである。

①自律的な教育意思を持つ

　連携で大切なのは、教育委員会や学校が、ビジョナリーとなり自律的な教育意思を持ち、連携先と対等となることである。企業等はCSR（企業の社会的責任）やCSV（共通価値の創造）による貢献、こちらは教室というフィールドを実証の場として提供し、成果を還元してもらうことで、WIN×

WINの関係を実現している。また、新たなコンテンツ等を学校でカスタマイズや改善することでより価値を高められる。現場が企業等からプロダクトを得て進化できるのは、この意思があればこそである。

② EBPMによる効果検証の基盤づくり

EBPM（エビデンスに基づく政策立案）の基盤づくりも連携するうえで重要である。本市では、埼玉県学力・学習状況調査に市独自の教師の指導法に関する調査を関連づけ、どのような教師や指導方法が効果をあげているのか等の可視化に努めている。この試みは、企業等の期待と同期していると思われる。

③「Class lab」という発想

「Class lab」（造語）というコンセプトを掲げてきた。学校や教室は教育の最前線である。教師の経験知や暗黙知、子どもの正直で予想外の反応も学校現場でこそ得られる。そうした教育の最前線を企業や研究者等の実証の場（ラボ）として提供できることは、基礎自治体の大きな強みでもある。

④ 積極的な情報発信

本市は、私（教育長）、教育委員会事務局、各学校、校長会などが日々、facebookにより情報発信を行っている。積極的な発信により情報交流はもちろん、思わぬマッチングが成功することもある。まさに企業が企業を呼び、産官学のネットワークが日々拡張していくのを実感している。

2. 新たな学びの創造

(1) PEERカリキュラム

前述の三つのスキルを育成するため、全校で小中9年間を通した「戸田市PEERカリキュラム」を中心に、新たな学びの創造に取り組んでいる。プログラミング教育（P）、英語教育（E）、経済教育（E）、リーディングスキル（R）の四つの頭文字を取って「PEER（仲間、見つめ合う）」と称している。

① プログラミング教育

2016（平成28）年度から試験的に導入し、2018（平成30）年度から全小中学校でスタートした。教育委員会は、各校のスタートアップを支援しつつカリキュラムをブラッシュアップしているほか、教師の自主的研究会である

プログラミング教育部会も支援し、各校の実践におけるグッドプラクティスの共有を行っている。また、企業等から専門家を招き、最先端で質の高い教員研修も実施している。プログラミング教育は、教育のオープンイノベーションの加速化や、教科横断的学びを実践するカリキュラム・マネジメントの促進にも効果がある。

②英語教育

中学校卒業時に英語で簡単なプレゼンテーションができる力の育成を目標としている。2016（平成28）年度からは英語検定受検費用助成事業を始め、英検3級に市内中学校3年生が取り組み、市が受検費用を全額助成している。2017（平成29）年度は、英検3級以上の取得率が55.9％を達成し、国の数値を大きく上回っている。平成30年度から小学校6年生が公費で英検Jr.GOLDに取り組み、小学校卒業時の英語力を測定し、中学校への接続を円滑にすることで、小中一貫英語教育の充実により、グローバル社会で活躍する人材育成をめざしている。

③経済教育・セサミカリキュラム

経済教育は、一般社団法人CEEジャパンと連携し、さまざまなアクティビティを通して社会の仕組みや経済の働きについて学ぶとともに、必然的に選択や意思決定が求められる学習機会を与えることで、子どもたちに考える習慣と質の高い選択力を育てることをめざしている。また、2017（平成29）年度からは、小学校においてアメリカのNPO法人セサミワークショップと連携したカリキュラムを実践している。このカリキュラムは、夢を描き計画を立て行動する力や他者と協働する力、そして多様性を理解する力を育成するものであり、そこで醸成された「他者の意見を柔軟に取り入れ、自らも積極的に発言する」という学級風土は、アクティブ・ラーニングのよい基盤づくりになっている。

④リーディングスキル

リーディングスキル（以下RS）とは、テキストの意味や意図を迅速かつ正確に読み取る力と言える。問題の意味を正しく把握し、自分の考えを持ち、他者と交流し学びを深める真のアクティブ・ラーニング実現のためにも必要不可欠な力である。本市では、「すべての生徒が中学校卒業段階で教科

書を正しく読めるようにすること」を目標に、2015（平成27）年度から研究を開始し、子どものRSを測り授業改善に資するため、全小中学校で、小学校6年から中学校3年までの児童・生徒に対して国立情報学研究所（研究代表：新井紀子教授）が開発したリーディングスキルテスト（以下RST）を実施している。また、RSTを通じて、読めていない子どもの傾向やその理由を分析することや、RSTの正答率が高い子どもの学習態度等から、RS育成の指導方法を見出す研究も開始した。さらに、教員研修として、RSに係る問題作成や学力調査の誤答分析をRSの観点から考察する研修や、自らRSTを受検してみる研修なども実施している。これらの実践は、各教科の本質に迫る指導や授業改革に役立っている。

(2) その他の実践

この他にも、産官学と連携し、「Luxurious School」と称し、フェンシングの太田雄貴、柔道の羽賀龍之介、メディアアーティストの落合陽一、オリィ研究所長の吉藤健太朗、ストリートダンサーのFISHBOYといった時代の寵児の方々による夢を与える授業、「小中学生プレゼンテーション大会」、劇団四季による「美しい日本語の話し方教室」などを実施している。

さらに、子どものニーズが多様化・複雑化するなか、特別支援教育等の専門性と質の向上を図るため、産官学との連携によるさまざまな研究実践に取り組んでいる。代表的なものとして、株式会社LITALICOや筑波大学との共同研究や公益財団法人こども教育支援財団との不登校対策などがある。

3. 学力向上に向けた取り組み

(1) 学力向上に向けた「教育長10のメッセージ」

校長会議などさまざまな機会をとらえ強調してきた私からのメッセージである。
①学習指導要領の趣旨の徹底
○各学校は、実態を踏まえ自律的な教育意思を明確に表明することが重要。
②校長のリーダーシップの発揮
○「校長が代われば学校が変わる」から「校長が変われば学校が変わる」へ。
○自分の経験してきた教育とは異なる授業場面に戸惑う保護者や地域の方々

に対して、社会構造の変化と子どもたちに求められる資質・能力といった観点から、各校長自らの言葉でわかりやすく説明できること。
○すべての教師の授業が「主体的・対話的で深い学び」に変化を遂げているかどうか、学校全体での学び合いの風土づくりと、一人ひとりの教師に応じた指導を粘り強く継続すること。
○「授業改善日」や「授業改善の時間」の計画的な設定を。

③アクティブ・ラーニングの推進
○「大きく変わった授業をぜひ見てみたい」という保護者や市民の声にどう応えるか。素人の目から見てもわかる授業改善の変化も必要。
○教師自身がパッシブ・ラーナーからアクティブ・ラーナーとなること。

④カリキュラム・マネジメントへの挑戦
○各教科等を学ぶ本質的な意義を明らかにしていくことに加えて、教科等を越えた視点で教育課程を編成すること。
○答申等を全教師が読み込み、背景や文脈も調べ同僚間で自由に熱く議論すること。教師による調べ学習、考える学習、対話的な学習こそが必要。

⑤社会に開かれた教育課程
○目の前の社会の要請に受け身で対処することではなく、子どもたちや学校内外の力による「未来の創造を見据えた教育」の実現をめざすこと。
○産官学と連携したさまざまな学び等のメニューを教育委員会で用意する。授業改善、校内研修、研究発表などで躊躇することなくフル活用すること。

⑥学び合う職員室に
○社会構造の変化を各学校で共通認識し、目の前の子どもたちの実態を踏まえ、将来困らないようどのような力を育てるか、根本にさかのぼった議論を。
○「教科等を横断する資質・能力の三つの柱」と「主体的・対話的で深い学び」という視点を中心に、教科や学年を越えて教師全員で熟議を行うこと。

⑦生徒指導の充実
○生徒指導の王道は学力向上にある。子どもが学習に打ち込めるようになるほどに学力が身につき集中できるようになる。落ち着いた学級経営により

問題行動は生じにくくなる。集団指導がうまくいけば、個別指導でも効果をあげやすくなり、集団指導の効果もいっそうあがりやすくなるもの。

⑧組織力の強化
○教職員間の協働、協業が少なく、「個業」になっていることが多くはないか。つまり、団体戦ではなく個人プレーの多い職場になっていないか。

⑨教育効果をあげている学校の10ヵ条（予算ゼロ）
○管理職が学力向上に向け危機意識を持ち、強いリーダーシップを発揮。
○学力分析をていねいに行い、その結果に基づいた取り組みを継続して実施。
○全教師が主体的・対話的で深い学びの視点で日々の授業改善に尽力。
○学習規律が徹底され、認め合い支え合う関係を育成。
○授業やさまざまな教育活動でUD（ユニバーサル・デザイン）化に基づくきめ細かな配慮を実践。
○学校独自の特色ある取り組みや共通する指導を全教職員でやり抜く姿勢。
○教師集団が共に学び合う関係性を構築。
○学力向上の直接な手立てではない教育活動にも共通行動を徹底。
○「考えて読んで書く活動や論理的な言葉のトレーニング」も徹底。
○家庭学習の習慣化の育成。

⑩校内研究（研修）の充実
○学校全体に加え個人でも研究テーマを設定する。
○教科会で指導案を検討し、全員が研究授業を実施する。
○校内研究組織において全員の役割を明確化する。
○全教科で実践できる研究内容（とくに中学校）を設定する。
○ベテランも初任者も中学校では教科を超えて共に学べる授業研究を行う。
○学級経営の充実に向けた研修内容を充実させる。

(2) アクティブ・ラーニングの推進のための戸田型授業改善モデル

　本市では、新たな学びの推進に加えて、日常的な授業改善を促す「戸田型授業改善モデル」を構築している。最大の特徴は、授業改善に関する複数の取り組みを、独自に作成したアクティブ・ラーニングの推進のための学習指導用ルーブリックに結びつけるもので次の五つの特色がある。

①子どもたちが身につけたい資質・能力の明確化
　学力調査等の結果分析や現状把握などから課題を明確にした具体的な内容。
②ルーブリックの中核化
　アクティブ・ラーニングの視点での授業改善や研究授業でも活用する。
③各教師へのフィードバックの充実
　授業改善の成果がどうであったかの参考とするためのフィードバック。
④研究授業での活用による理解の深化
　分科会や全体会での授業の振り返りや協議、指導・助言に活用。
⑤エビデンスベースでのルーブリックの継続的改善
　質問紙と学力調査の分析、研究授業における評価分析などによる改善。
（3）　アクティブ・ラーニング・ルーブリック
　埼玉県学力・学習状況調査や本市独自の教員質問紙調査をベースとした教育の効果検証にかかわる研究を参考に作成した。産官学と連携した授業実践についてアクティブ・ラーニング研究員等が作成した延べ100枚以上の評価シートから、授業研究会等において研究員等が協議を重ね、アクティブ・ラーニングの推進のために重要と考えられる要素を段階的に抽出して、学習指導、自己評価、資質・能力の三つのルーブリックを作成した。
　URL：https://www.city.toda.saitama.jp/soshiki/373/kyo-seisaku-todasial.html「戸田市版アクティブラーニングルーブリック」で検索を。
（4）　プロジェクト型学習（PBL）の導入
　授業改善モデルに基づく取り組みを着実に進めていく一方で、今後は、子どもたちに社会で活用できる力を育成することや、すべての教科等における授業をより目的志向とすることを目的として、教科横断的なプロジェクト型の学習（PBL: Project-based Learning）を導入するべく準備を着実に進めている。

4．今後の展望

（1）　戸田市立教育政策研究所の設立
　EBPM に基づいた施策を推進するうえで、さまざまなデータを収集し、

データサイエンス等に基づき分析・活用することが必要となる。しかし、それを外部に分析等を委託すると、教育委員会の意思が十分に反映されない危惧やコスト面での問題が発生する。そこで本市では、戸田市から国の教育行政を動かす気概をもって基礎自治体では全国初の、データの管理・分析等を一括して行う「戸田市立教育政策研究所」の設置をめざしている。

(2) 教育行政のプロ採用

教育行政が複雑化・多様化・専門化していくなか、教育行政に専門的な知見や現場感覚を持った優秀な教育委員会事務局職員が必要となっている。そこで、この教育政策研究所の設立も鑑み、2017（平成29）年度から市職員採用試験において、基礎自治体としては全国初となる教育枠を設け、教育委員会事務局を中心に経験を積みあげていく職員（教育行政のプロ）を採用している。併せて、教育委員会事務局職員の文部科学省での研修なども継続実施している。

(3) EdTechの活用と「教室を科学する」

今後はEdTech（Education × Technology）をフル活用し、「教室を科学する」という夢の実現に向け、大きく二つの取り組みを実践していきたい。一つは、学びの個別最適化である。スタディ・ログなどのデータを電子化し蓄積し、AI等で分析することで、個々の子どもの能力特性や発達段階に最適化した支援をしたり、学習計画やコンテンツを提供したりする取り組みである。二つ目は、「匠の技」の可視化である。これまで優れた教師の「匠の技」の伝承については、客観的な指標がないため、限られたコミュニティでの知見は積みあがるが、世代間での継承や横展開がむずかしい状況にあった。これをEdTechの力により可視化・定量化できれば、授業改善や教員研修を効率的に行え、教師全体のスキルアップにつながる。

(4) PLDへの挑戦

今後、学びの履歴（個人データ）を使い指導するのは教育委員会や学校だけではなく、本人（保護者）の判断次第で、第三者（家庭教師や学習塾等）へも提供することになるであろう。本人に還元または他者に再利用してもらえるようなデータポータビリティ、これをPLD（パーソナル・ラーニング・データ）、または、「学びのお薬手帳」と呼び、チャレンジしていきたい。

2章　教育委員会の取り組みで学力急上昇

《大阪府茨木市》

一人も見捨てへん教育

大阪府茨木市教育委員会学校教育部長　**加藤　拓**

　授業で算数の問題が解けないとき、ある子は言った。
　「何もかも嫌や。どうせ、できへんもん」。
　教師が叱ると本音がこぼれた。
　「自分なんかいなくても、誰も悲しまへん」。
　公立小中学校には、さまざまな生活を背負った子どもたちが通っている。その一人ひとりの子どもたちを見捨てず、大切にする。それが、本市の学力向上（学校教育）のスローガン、「一人も見捨てへん教育」である。
　学力がぐんぐん上がる急上昇……本書のタイトルだが、いかにも全国学力・学習状況調査（全国学調）の点数上昇をクローズアップしているように感じるが、本市では、全国学調の点数を上げることを目的としているわけではない。一人ひとりの子どもたちに確かな学力、そして、生きる力を育成し、子どもたちが困難や挫折を乗り越えこれからの社会をたくましく生き抜けるようになることが目的であり、結果として、全国学調の点数に表れればいいと思っている。
　おそらくそのことは、われわれだけではなく、子どもを目の前にしている、全国の学校現場や教育行政の方々も同じではないかと思うが、報道等ではそこがなかなか取りあげられない。
　本市では、学力向上プランを始めてから、はや12年経過し、また、「一人も見捨てへん教育」は、今では本市の学校現場にもスローガンとして浸透し、市長の重点政策の一つにもなっている。私は、小学校教員から教育委員会に入り、今年で16年目となる。その間、ずっといわゆる「指導系」の課に所属し、学力向上施策に携わってきた。そのような立場の者として、本市で12年間取り組んできている教育施策について述べたい。

1. 12年間ぶれずに続けていること

　本市では、これまで12年間、第1次から第4次までの4期の学力向上施策に取り組んでいる。その間、ぶれずに続けていることが二つある。

(1) 学力の樹という学力観

　一つ目は、「学力の樹」（図1）である。テストで測れる学力と測ることのできない「非認知能力」の両方を育成するという学力観を「学力の樹」という形で示している。非認知能力については、ゆめ力・自分力・つながり力・学び力・元気力と五つにカテゴライズし、そして、そのような力を育成することができたかを見える化している。

図1

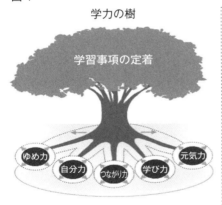

5つの力

ゆめ力	将来展望を持ち努力できる力
自分力	規範意識を持ち、自分をコントロールできる力
つながり力	他者を尊重し、積極的に人間関係を築こうとする力
学び力	意欲的に学ぶ力
元気力	健康・体力を保持増進できる力
指標の算出方法は本市HPに掲載	

　「学力の樹」の葉は知識や技能を表すもので、勉強などを通じて獲得しいわゆるペーパーテストで測ることができます。

　一方、根は子どもの関心・意欲・態度です。木の根は通常、土の上からは見ることができません。同じように、「学力の樹」の根も、見ただけですぐに分かるようなものではありません。いわば「内に秘めたものすべて」であり、その子の良さや個性です。その葉と根をつなぐのが幹です。幹はこの場合、思考力や判断力、表現力など、人と関わる中で身に付ける、自分なりの考えです。（略）

　学力向上のために必要なことは、葉と根の両方に十分な栄養をやり、幹を太くして、木全体を成長させること。そして木の成長とは、子どもたちの豊かな人間性・社会性の成長にほかならないのです。

　子どもたちが内に秘めたものの「見える化」を行い「ゆめ力」「自分力」「つながり力」「学び力」「元気力」の5つの力を設定しています。

「広報いばらき」より

五つの力は、全国学調の児童・生徒質問紙の回答から算出している。見える化することにより、市の施策や学校の教育活動が子どもたちの非認知能力を育成することができているのかを知ることができる。

　図２のグラフは市全体の四つの力の推移である。小学校・中学校とも緩やかであるが、それぞれの力が向上している。本市の学校教育において非認知能力を育成する取り組みの成果が出ていると考えている。しかしながら、この指標は、子どもたち一人ひとりの状況を見極めるには不十分である。アンケートは、そのときの子どもの気持ちや状況によって大きく左右されるものと考えるからである。しかし、それが学校、あるいは市全体など一定数以上の集団の結果となると、集団の状況を表すものになると考えている。

図２

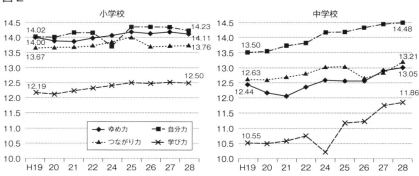

　図２のグラフが、28年度までの四つの力となっているのは、29年度より元気力を新たに指標に加えたことと、これまで活用してきた児童・生徒質問紙の質問項目が変更や削除となり、指標を算出することができなくなったためである（今後どのように継続するか検討中）。

(2)　学力分布にこだわる

　二つ目は、学力低位層と学力高位層の学力分布に着目していることである。全国学調の結果が発表される際には、平均点（正答率）が主に報道される。平均点は子どもたちの状況を見るうえで重要な指標ではある。しかし、平均点だけでは見えないものもある。

図3のグラフは学力の分布を模式的に表したものである。点線（正規分布に近い分布）も、実線（いわゆるふたこぶラクダ型の分布）であっても、平均点と

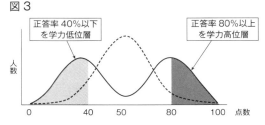

図3

しては50点となる。いくら平均点が上がったとしても、確かな学力を身につけることができない子どもが増えていては、けっしていい状況とはいえない。そこで、本市では、正答率40％以下を「学力低位層」、正答率80％以上を「学力高位層」と定め、学力低位層を減らし、学力高位層を増やすことに努めている。とくに、学力低位層の割合を減らすことに注力していることが、「一人も見捨てへん教育」の根幹であると考えている（図4）。

図4

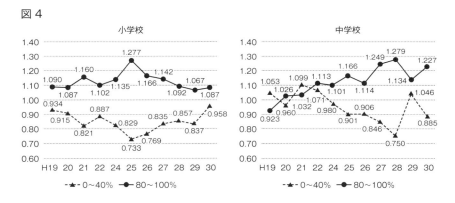

学力高位層・低位層とも全国（1.00）との比を算出しているので、学力高位層は1.00より高く、学力低位層は1.00より低いことが望ましい。小学校では、この11年間ずっと学力高位層が1.00より高く、学力低位層が1.00より低い状況を保つことができている。また、中学校では、平成19年度は学力高位層が1.00より低く、学力低位層が1.00より高い状況であったが、数年で逆転させることができた。その後、学力高位層が増加、低位層が減少する傾向となっている。

2. 12年間改善し続けていること

次に、これまで取り組んできた教育施策について述べたい。本市では、3年を一つのサイクルとして学力向上プランを策定し、これまで4期12年続けている。

第1次	茨木っ子プラン22	平成20～22年度
第2次	茨木っ子ステップアッププラン25	平成23～25年度
第3次	茨木っ子ジャンプアッププラン28	平成26～28年度
第4次	茨木っ子グローイングアッププラン	平成29～31年度

今年度は第4期の最終年度となる。ずっとぶれずに続けてきたことを先述した。一方で、3年ごとにPDCAサイクルを実行してきているので、その時々で事業のビルド&スクラップを行い、実施する事業は変化してきている。また、3年間の結果から、次の3年間に取り組む重点テーマを設定し、事業化していることも特徴である。

(1) 人的支援事業の開始（平成20～22年度：第1次プラン）

本市が学力向上プランを進める契機になったのが、平成18年度「大阪府学力等実態調査」である。その結果を見て、われわれは驚いた。中学生の学力分布がいわゆるふたこぶラクダ型であったのである。大阪と京都の中間に位置する本市は、比較的落ち着いた環境であり、それまでは子どもの学力も高いだろうと思っていた。しかし、結果を見ると、学力格差が見て取れたのである。今でこそ、学力格差は注目されている。しかし、当時はそのような先行事例もあまりなく、どうすれば学力格差を縮小できるか、学力低位層を減らすことにつながるのかから議論していった。そして、それを第1次プランで事業として具体化した。さまざまな事業を実施はしているが、とくに重点的に取り組んだのは次の事業である。

①	専門支援員（小学校）	平成20年は20校、平成21年から各校1名
②	SSW（中学校）	平成20年は6校、平成22年から10校

学力低位層の子どもたちを支援するために有効と考えたのは、人的支援である。40人いる学級で、一人の教員が、子どもたちをきめ細かく指導するには限界がある。困っていたり、躓いていたりする子を支援する人手が必要

だと考えた。そこで、小学校には専門支援員（現：学習サポーター）を配置した。SSW（スクールソーシャルワーカー）については、当時は今のように認知されていなかった。しかし、中学生にとっては直接的な学習支援よりも、学力の背景にある生活を支援するほうが重要であると考えた。先行自治体も少なく、SSWの確保に苦労したが、なんとか中学校へ配置した。

　3年間取り組んだ結果は、図4のグラフの平成19〜22年度に表れている。小学校では、学力高位層の増加、学力低位層の減少が若干見られた。一方、中学校では、学力高位層は増加したが、学力低位層も増加した。つまり、さらに学力格差が広がってしまったのである。

(2)　中学校を重点的に支援する（平成23〜25年度：第2次プラン）

　第1次プランの3年間で中学校の学力格差が広がったという結果を受け、中学校の学力格差を解消することを第2次プランの重点テーマとし、事業を実施した。とくに重点的に取り組んだのは、次の事業である。

①	専門支援員（中学校）	平成23年から各校2名、平成25年から各校3名
②	SSW（中学校）	全14中学校区（各1名）
③	支援教育サポーター（小中学校）	平成22年から小中23校（各1名）

　専門支援員については、小学校配置の3年間の経験で、中学校でも工夫をすれば十分効果が出るという手ごたえを得た。そこで、思い切って各中学校に3名ずつの配置を行った。また、SSWについても、学力の下支えに有効であると実感したので、すべての中学校区に1名の体制をつくった。さらに、通常学級に在籍する発達障害など特別な支援を必要とする子どもをサポートするために、支援教育サポーターの配置も始めた。

　3年間取り組んだ結果は、図4のグラフの平成23〜25年度に表れている。小学校では、さらに学力高位層は増加し、低位層は減少した。また、中学校では、学力高位層と低位層が逆転し、学力低位層の減少を図ることができた。3年間重点テーマとして取り組んできた成果が出て嬉しかった。

(3)　学校間格差の縮小と保幼小中連携（平成26〜28年度：第3次プラン）

　第2次プランの3年間で、市全体としては、一定の学力向上の成果を見ることができた。しかし、各学校の6年間データを見ると、すべての学校で成

果が見られているのではなかった。成果が見られないのは、学校の取り組みが不十分というよりも、それらの学校は、学校の努力だけでは克服するのがむずかしい状況にあり、それを支援する事業が必要であると考えた。本市には、小学校が32校、中学校が14校あるが、そのうち小学校11校、中学校5校を重点的に支援する事業を行った。あわせて、一つの学校では克服するのがむずかしい状況に対しても、就学前〜小学校〜中学校と11年間継続して取り組むことで克服することができると考え、茨木型保幼小中連携教育を進めることとした。そのような考えのもと、第3次プランでとくに重点的に取り組んだのは次の事業である。

| ① | 学力向上重点モデル校区 | 支援員・サポーターの重点配置
放課後学習教室の開催 |
| ② | 中学校ブロック連携支援教員 | 全14中学校区に時間講師の配置（1名） |

　第3次プランでは、学校間格差の縮小のために、事業の傾斜配分を行った。そのなかで、とくに課題の大きい中学校区を重点モデル校区とし、人的支援の重点配置と放課後学習教室を開催した。また、本市は、一つの小学校から複数の中学校に分かれて進学する校区割になっているため、連携が進めにくい状況があった。そこで、中学校ブロック連携支援教員をすべての中学校区に1名ずつ配置し、保幼小中連携を進める教員の授業負担軽減を図った。

　図5のグラフは小学校と中学校の平均正答率の推移を表したものである。同じ子どもたちの小学6年と中学3年の数値を比べると、以前は小6のほう

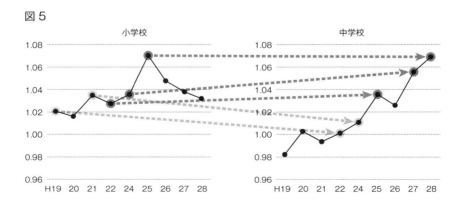

図5

が高かったが、平成25年ごろから中3のほうが高くなってきている。これは、第3次プランで進めてきた保幼小中連携教育の成果であると考えている。

(4) 学力向上を持続可能とするために(平成29～31年度：第4次プラン)

　近年、教員の働き方改革が必要となり、それは、本市においても同様である。これまでの学力向上プランで成果が見られてきたのも、学校現場の教員のがんばりが一番の要因である。しかし、無理ながんばりはいつまでも続かない。第4次プランでは、教員の働き方改革を行うことで、学力向上を持続可能なものとすることに取り組んでいる。主な事業は次のとおりである。

①	業務サポーターの配置	⑤	部活動休養日
②	業務改善サポートチームの派遣	⑥	全校一斉退校日
③	メッセージ電話	⑦	校務支援システム導入
④	出退勤カードリーダー	⑧	夏季休業中の学校閉校日

　3年間の結果が出るのはこれからである。ただ、教職員アンケートでは、「子どもと向き合う時間が増えた」と回答する割合が増加している。

3. 12年間高まってきたこと、そして今後

(1) うちでも同じようなことはやっていますが…

　プランに取り組み出して5年過ぎた頃から、他府県の教育委員会や議員の方からの視察を多く受けるようになってきた。その際、いつも聞かれることがある。「うちでも同じようなことはやっています。どこが違うのですか」と。

　他の自治体の状況は知らないので比較はできないが、本市で成果があがっている一番の要因は何かと聞かれると、学校と市教委のベクトルが揃ってきたことであると答えている。本市の校長先生と教頭先生の声を紹介する。

〈校長先生の声〉
　私が校長をしていた頃、全国学調の学校別結果の公表が議論されていた。そんなときに、市教委は、「点数だけではない。子どもも家庭支援も、授業改善も一緒にやってこそ、相互に関係し合う形で向上する」「学校が舞台。だから、学校の取り組みを支援する」と言いきった。そこが、市教委の1番がんばったところだと思う。次に、長期スパンで考え、構想を継続していること。そのことが、市教委が2番目にがんばったところと思う。教育行政としては、どうしても費用対効果とか即応的な成果を求められるのにである。

校長、学校現場サイドから見て、市教委から「点数を上げろ」と一度も言われたことはない。市教委からは、「プランの趣旨を理解してください。教職員みんなでやってください。市教委を利用してください」というメッセージがいろいろな場で繰り返し発せられた。そういったやり方であったからこそ、市教委と学校が同じ方向をめざすことができたと思う。

〈教頭先生の声〉
　市教委主導でプランは始まったが、取り組みが市内の学校現場に浸透した結果、行政と学校が協力して子どもを育てようということが当たり前のようになった。
　プランの出発点となったコンセプトが、単なる学力の数値分析にとどまることなく、子どもの生活背景や特性など、それぞれに違いがある学校であるのに、どこか自校に当てはまる「克服したい課題、保障したい力」が見て取れたことから教職員の共感を得られた。
　加えて、その課題に応じて、重点的に選べる多様な市教委の事業の存在も受け入れられた要因である。さらに、その後に成果があがっているということが次のモチベーションにもつながっていると思う。

(2)　そして今後

　このような原稿を書かせていただいてはいるが、本市の小中学校の学力は右肩上がりに向上しているわけではない。全国学調の平均正答率の推移では、小学校は平成25年度以降は低下傾向が見られているし、中学校は向上傾向であるが年度ごとに上下動している。その要因はいくつか考えられるが、教員の世代交代もその一つになっている。経験の浅い教員の増加や、また産休や育休等の増加で慢性的な講師不足と経験のない講師も増えている状況があり、その影響は少なからず出ている。今後、経験の浅い教員にいかに力をつけていくか、授業力を高めていくかが、本市の学力向上を進めるうえでの大きな命題である。

　そのような状況ではあるが、冒頭に述べたように、全国学調の平均点を上げることが目的ではない。一人ひとりの子どもたちに確かな学力、そして、生きる力を育成し、子どもたちが困難や挫折を乗り越えこれからの社会をたくましく生き抜けるようになることが目的である。今後も、「一人も見捨てへん教育」にぶれずに取り組んでいきたいと考えている。

2章 教育委員会の取り組みで学力急上昇

《大阪府枚方市》

教育委員会が変われば、校長が変わる

大阪府枚方市教育委員会教育長 　奈良　渉

　私は、2011(平成23)年3月に中学校長を退職後、大阪府の嘱託職員として、学力向上グループで5年間勤務させていただいた。当時、大阪府は、学力向上が喫緊の課題であり、私の主な職務は、学力に課題のある学校へ指導主事と一緒に訪問し、管理職や学力向上担当者の教員にアドバイスをすることであった。訪問先の多くの学校は、さまざまな課題を抱えており、恒常的あるいは定期的に「荒れ」を経験していた。「学力向上よりも、生徒指導のほうが先」という考えが根強くあり、このような学校の意識を変えていくのは至難の業であった。しかし、本気で現状を変えたい、何としても子どもたちに学力をつけたいとの熱い思いを具現化させる学校もあり、私自身も嬉しい気持ちになれた。一方、一向に改善が見られない学校には、何としても学校を変えてほしいという気持ちが強くなり、つい熱くなったものだ。

　枚方市も、学力向上の取り組みに課題を抱える市町村の一つであったため、枚方市の学校への訪問の際には、いつも熱くなっていた。私のこのときの経験が、現在進めている施策や取り組みの礎になっていることは間違いのない事実である。

　2016(平成28)年4月、枚方市の教育長に就任した。私にとっては、まさに青天の霹靂の出来事であり、はたして、この大役が務まるのかという不安もあった。しかし、一方では、郷土である枚方の地で、これまでの経験を活かせることを嬉しく思った。私は教育長として、最初の校長会で、以下のことを述べている。

○「校長が変われば学校が変わる」校長こそ変わらねばならない
○授業改善と教室の学習環境整備が1丁目1番地
○校長のリーダーシップのもと、全教員が課題を共有し、組織的に学力向上に取り組むこと
○学力向上担当者を中心に、学力向上委員会を活性化させること

これらは、私が大阪府内の学校を訪問していた際、成果をあげた学校における取り組みの共通点でもあった。

1. 校長の意識改革

　教員の授業力向上や授業改善の取り組みの第一歩は、教員の意識改革である。しかし、その一歩踏み込んだ指導を躊躇する校長もいる。教員を変えようとすることよりも、教員がどう受け止めるかを強く意識する校長がいる。子どもの状態がおおむねよいことで満足する教員は多いが、校長まで、生徒指導で学校が落ち着いているから「よし」と考えているようでは、困ったものである。

　教育委員会として、このような校長の意識を、どのようにして変えていくのかは、きわめて大きな課題である。

(1)　指導主事等による学校訪問

①指導主事と教育推進プランナー[1]のペアによる学校訪問

　1年で劇的な変化が見えてくる学校、2年目に入り、ようやく変わる兆しが見えてくる学校など、実際に学校訪問をしていると、学校のさまざまな変化が見えてくる。それを見取るためにも、指導主事の学校訪問は、欠かせない。できる限り、1回でも多く、指導主事が学校訪問できる体制を整えた。

　学校訪問の際には、指導主事と教育推進プランナーが一緒に行けるようにした。どの自治体もそうだが、若い指導主事が増えている。年齢も経験も上の校長や教頭に対して、若い指導主事が指導・助言をするには、ハードルが高い。しかし、プランナーが同行することで、言いづらいことは元校長等であるプランナーに言ってもらうことができる。また、指導主事にとっては、経験豊富なプランナーと同行することで、どのような視点で学校訪問をするのか、どのように指導・助言を行うのかといったことも学ぶ機会にもなる。

②学校訪問による「いいとこ見つけ」

　訪問の際には、学校のよいところをしっかりと見つけてくる、いわゆる「いいとこ見つけ」を重点に置くこととした。学校は、指導主事の学校訪問をあまり歓迎しないが、訪問の目的が、指導主事が学校のがんばっていることや、好事例となる取り組み等を発見して持ち帰ることであるとしたこと

で、学校からは自校のよさを積極的にアピールするようになってきた。また、前述のとおり、年齢の若い指導主事にとっても、気が楽になったようである。私にとっては、指導主事から、がんばっている学校の様子を聞けることが楽しみの一つでもあった。

(2) 学力向上に特化をした校長面談と好事例の発信
①学力向上に特化をした校長面談

　各校が進めている学力向上への取り組みやその進捗状況を、私自身がしっかりと把握し、教育委員会全体としても掌握しておきたかったことから、人事評価における校長面談とは別に、教育長、教育委員による学力向上に特化した校長面談を実施した。指導主事から、事前に各校の状況を聞いてはいるが、面談で校長から直接聞くことは、校長の学力向上への率直な思いが聞けるとともに、校長の使命感や熱意などが伝わるなど、たいへん有意義な機会となっている。指導主事等による学校訪問と、教育長と教育委員が行う校長面談とがセットになることで、各学校の取り組みの成果や課題が教育委員会内で共有できるとともに、校長の意識改革を図る重要な取り組みの一つとなっている。

②好事例の発信

　指導主事等による定期的な学校訪問と校長面談で、予想以上に各校が、さまざまな学力向上への好事例となる取り組みをしていることがわかった。この好事例を効果的に発信するため、毎月実施する定例の校長会を活用した。これまで、校長会は指示伝達が冗長で長時間を要していた。指示伝達を簡潔明瞭にし、時間縮減を図り捻出した時間に、よい取り組みをしている校長の実践発表を行った。発表者の校長は、発表準備が取り組みの振り返りにもつながり、聞く側の校長は発表に刺激を受け、それを自校に取り入れるなど、効果覿面であった。

　学力向上担当者研修会でも、校長会と同様の取り組みを実施し、成果があがった。このように、校長と学力向上担当者の両者に対して、教育委員会から、好事例を発信したことで、私のねらいどおり、各校も、他校の取り組みを単に真似るだけでなく、それをさらに進化充実させ、自校の実態に合う取り組みに発展させようとする意識が芽生えてきた。

2章 教育委員会の取り組みで学力急上昇

(3) 全国学力・学習状況調査の活用
①公表資料の改善による成果や課題の明確化

　教員の授業力向上に向けて、全国学力・学習状況調査の効果的な活用にも取り組んだ。

　本市では、これまで、全国学力・学習状況調査は、学校間の序列化を助長するとして、賛同しない教員もいたことから、教員の本調査への関心は低く、公表資料も、各教科・区分において、全国平均を上回ったか下回ったかを提示する程度であった。

　私の一番のこだわりは、全国学力・学習状況調査に対する教員の関心を高め、本調査を効果的に活用することであった。

　そのために、私の教育長就任後、本調査結果の公表資料は、本市の成果と課題を明確にし、保護者や市民、学校等にわかりやすく伝える趣旨から、学習指導要領の内容を全国水準で修得できているかを把握する一つの指標として、各教科における平均正答率や、全国平均正答率との比較結果を、経年変化のグラフで示した（図1）。また、各校の公表資料もわかりにくく、学校

図1　全国学力・学習状況調査公表資料（全体概要）

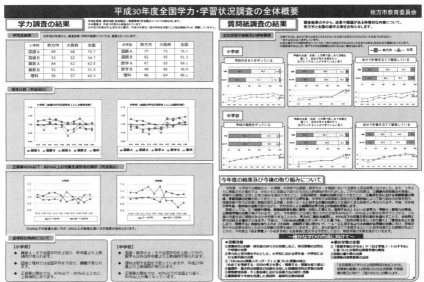

ごとに違っていたことから、教育委員会は、各校に公表資料のひな形を示し、これに基づき公表資料を作成するよう指示をした。保護者や市民からは、公表資料がよくわかるようになったと好評を博した。

②自校採点による成果や課題の把握と早期からの取り組み

次に試みたのは、全校における自校採点と全教員が調査問題を解く時間の設定である。私が教育長に就任をした2016（平成28）年度当時、本調査の設問内容を見たり解いたりする教員は少数であり、当該学年（小学校6年生と中学校3年生）や当該教科（国語、算数・数学、理科）の教員だけのものとなっていたため、まずは、各学校において、すべての教員が本調査の設問を一堂に会して解く時間を設定した。本調査は、児童・生徒に今求められる学力観に基づく設問がなされており、これを教員間で共有することは、きわめて大事であり、このことが、教員の授業改善への意識変革につながっていった。

2017（平成29）年度からは、4月の本調査実施後、各校において自校採点を行うこととした。すべての児童・生徒の解答用紙をただちにコピーをして、全教員で採点に取り掛かるといった大層な作業ではある。

この自校採点の目的は、2学期（2018〈平成30〉年度は夏季休業中）に結果が返却されてからの対応では遅く、1学期のうちから、課題に正対した取り組みを実施するためである。加えて、教員が自分たちで採点をすることで、設問ごとの正答率や児童・生徒の個々の学力課題が明らかにでき、課題に正対した児童・生徒の個別指導や、教員の授業改善に活かすことができるなど、大きな利点がある。また、教員同士が採点基準を協議することで、評価に対する意識づけができるなど利点が多い。これらの取り組みにより、どこの地域よりも早く、本調査を活用した授業改善や学力向上に取り組むことができた。この取り組みを通じて、各教員の本調査への関心はもとより、授業改善への教員の意識の高まりも見られた。

2. Hirakata授業スタンダードに基づいた授業改善

私が大阪府の指導主事と同行して、枚方市への学校訪問をしていたときの授業は、めあての提示が定着していない、教員による一斉講義型が目立つ、

2章　教育委員会の取り組みで学力急上昇

授業の振り返りが行われていない、という状況が多く見られた。授業をするうえで、なぜそういった時間や提示が必要なのかを、教員が理解していなかったからである。そこで、授業の一連の流れや活動の意味をおさえたスタンダード的なものを示すことで、どの教員も同じ水準で授業ができることをめざし、作成したものが、図2のHirakata授業スタンダードである。

図2　Hirakata授業スタンダード

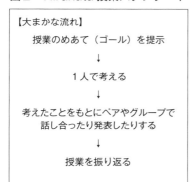

このスタンダードを示したことで一定の基準ができ、枚方市全体として、どのように授業改善を進めていくのかという共通認識を持つことができるようになった。しかし、ただ単にスタンダードを示して、それを教室に掲示するだけで変わるはずがない。最も重要なのは、教員の授業力を向上させるということであり、そのためにさまざまな取り組みを進めていった。

〈学力向上委員会・教科会・学年会の充実〉

校長のリーダーシップのもと、全教員が課題を共有し、組織的に学力向上に取り組むため、すべての学校で校内組織に学力向上委員会を設置し、より取り組みが推進されるよう、週に1回、会議を開催するようにしている。

校長の熱意と本気度は、学力担当者の人選にも表れる。経験年数によらず、やる気のある教員を学力担当者に抜擢している学校では、抜擢された教員が、初めから担当者としてふさわしい資質・能力を備えてなくても、校長の期待に応えようと、まさに、「器が人をつくる」かのように、組織を活性

化し、授業改善や児童・生徒の家庭学習の定着に、学校あげて取り組むけん引役になっているものだ。

　もう一つの私のこだわりは、授業づくりに特化した中学校における教科会であり、小学校における学年会である。まず、中学校だが、これまで授業づくりは個々の教員に委ねており、月に1回程度開催をしている教科会では、定期テストの作成者を誰にするか、テスト範囲はどこまで、採点基準はどうするのかといったことを協議していた。これなら、月1回で十分である。しかし、教科会を授業改善や授業力の向上に資するものにするには、時間割内に設置し、毎週定期的に開催しなければならない。2018（平成30）年度は、すべての中学校において、実技教科以外のすべての教科会を時間割内に設置した。これにより、授業づくりに特化した教科会が、徐々に軌道に乗りつつある。

　2019（平成31）年度からは、教科会をさらに充実させるため、すべての中学校で、「タテ持ち授業[2]」を実施する。しかし、「タテ持ち授業」は、これまでほとんど経験しておらず、教員の不安や負担感を危惧する声も聞こえてきていることから、すでに「タテ持ち授業」を試行的に実施した中学校の校長から、校長会でその成果と課題を発表してもらった。「タテ持ち授業」のよさは、複数の教員が同一学年を授業することで、教科会において、授業の進め方や進度などの協議、互いに情報の共有やアイディアを出し合うなど、教員の協働による質の高い授業づくりに繋がっていること。互いにプリントを持ち寄り、教材づくりも協働して行うため、教材準備の時間短縮にもなっていること。そして、経験の浅い教員が、先輩の授業から学べ、スキルアップできること。このようなプラス面を発表してくれていた。

　小学校の学年会については、これまでも高い頻度で実施されてきたことは認識しているが、主な内容と言えば、気になる児童の情報の共有、使用する教材・教具の確認、単元の進捗状況の確認などであったため、どうしても、授業改善に向けた話し合いの場として定着をさせたかった。

　小学校の場合は、外部講師を招聘し校内研究授業を定期的に実施する文化があり、教員の授業力向上や授業改善には、一定の成果は見られていた。しかし、その成果が日々の授業に、どう活かされているのかといった点につい

ては疑問があった。そこで、空き時間のほとんどない小学校では、お互いの授業を参観することがむずかしいため、普段の授業をビデオ撮りしておき、学年会でそれを活用し授業づくりに役立てている。

　小中学校ともに、教員同士がお互いの授業を参観し合うことは、大事なことではあるが、何か仕掛けがないと、相互授業参観は掛け声倒れになりがちである。各校では、仕掛けとして、相互授業参観の強化週間の設置や参観シートによる授業評価を行うなど、さまざまな工夫をしている。これは、前述の学力向上委員会を含め、教科会や学年会を活用し、どのような形で授業を改善していくことが効果的なのかを、各校がその実態に応じて計画、実践、改善といったサイクルを回すようになってきたことの証でもある。組織的に授業改善に取り組む体制が整いつつあり、教員の授業改善に対する意識も変わってきたように感じているところである。

3. 国立教育政策研究所千々布敏弥氏による指導・助言

　本市では2018（平成30）年度、国立教育政策研究所総括研究官である千々布敏弥先生を、学力向上に関するトータルアドバイザーとして招聘し、研究指定校や教育委員会への指導・助言、学力担当者研修における講師など、年間を通じてご指導いただいた。実は私は、千々布先生にこのような形でかかわっていただく以前から、先生の著書である『県外から来た教師だからわかった福井県の教育力の秘密』（学研教育みらい）や「福井らしさを探る会」に出会い、学校改革に関する多くのヒントを先生の著作から得ていた。中学校の教科会や小学校の学年会の充実といったものも、その一つである。枚方市として真似できることはないのか、何度も繰り返し読んではいたが、実際に千々布先生に来ていただき、ご指導ご助言いただけたというのは、本市の教育改革においても、非常にありがたいことであった。

　千々布先生には、今、どのような授業が求められているのか、「主体的・対話的で深い学び」の実現には、どのようなことに気をつけなければならないのかといったことについてご指導いただいた。私は、教育長に就任以来、一貫して学力向上の柱のひとつに「授業改善」を掲げてきたので、千々布先生からのアドバイスを通じて、学校の核となる学力担当者の教員と学校の指

導・助言にあたる指導主事が、授業改善に向けた方策や視点を共有化できたということは、非常に喜ばしいことであった。

4.「教育委員会が変われば、学校が変わる」

　教育長に就任してから3年が経った。3年前に比べると、各校の校長の学力向上に対する意識に大きな変化が見られるようになった。各校にはさまざまな課題が山積しているが、教員の授業力向上や授業改善への取り組みが、徐々に浸透してきており、嬉しく思っている。しかし、まだ道半ばである。

　「校長が変われば、学校が変わる」これは、私がさまざまな場面で校長に伝えてきた言葉であるが、校長が変わらないのは、教育委員会が変わらないからでもある。このことを肝に銘じ、教育委員会は、各校長のやる気を引き出し、それを鼓舞するとともに、各学校の好事例の発信や先進地域への視察など、教育委員会と学校が一体となって、急速に変化する社会を生きていく児童・生徒の「生きる力」となる学力を育んでいかなければならない。これからも、教育長としての使命感と誰にも負けない熱意を持ち、本市の教育の充実と発展に努める覚悟である。

〈注〉
(1)　学校教育に関して高い見識や経験を持った退職校長や教頭および教員。
(2)　学年所属に関係なく、1人の教員が複数学年の授業を担当すること。

2章　教育委員会の取り組みで学力急上昇

《福岡県春日市》

コミュニティ・スクールを基盤とした学校向上の取り組み

福岡県春日市立春日西中学校教頭／前福岡県春日市教育委員会指導主事　**清尾　昌利**

　春日市は福岡都市圏の中央部に位置した人口約11万人の住宅都市である。古くは福岡市で出土した金印にも記されている「奴国」の中心でもあり、市内には多くの遺跡が出土する自然と歴史にあふれた街でもある。

1. コミュニティ・スクールを基盤とした学力向上の基本的考え方

（1）コミュニティ・スクールの考え方

　2005（平成17）年より市内3校で導入したコミュニティ・スクールも、今では市内全小中学校18校に広がり、充実期を迎えている。春日市のコミュニティ・スクールは校長と学校運営協議会の「協働・責任分担方式」と称し、校長のリーダーシップのもと学校運営協議会で熟議を重ねて学校運営方針を決め、学校・家庭・地域の三者による「共育」活動を推進している。行政（教育委員会）職員は、そのパートナーとして支援を行っている。各校の学校運営協議会の委員やオブザーバーとして参加し、適宜助言を行い、コミュニティ・スクールの推進が円滑に行うことができるように支援している。

（2）「共育」の基盤づくりを通した学力向上

　学校だけで学力向上の取り組みを進めることは困難である。学校・家庭・地域の三者で連携・協働した「共育」の基盤づくりがあってこそ、学力向上が図れると考える。本稿では本市の学力向上の取り組みを大きく2点に分けて紹介していく。一つは「学力向上を視点とした学校・家庭・地域の役割」、二つは「学力向上に向けた行政（教育委員会）の支援」である。それぞれについて概略を簡単に紹介し、具体的な取り組みについては後述する。

①学力向上を視点とした学校・家庭・地域の取り組み

　先にも述べたように、コミュニティ・スクールを推進していくうえで、また学力向上を図るためには、学校・家庭・地域の三者がそれぞれの役割を分

担しながら進めていくことが大切である。その三者の役割とは次の三つであると考えている。
○家庭は「子育ての主体」として、基本的生活習慣・学習習慣づくりに取り組むこと。
○地域は「地域づくりの主体」として、生活体験の充実に取り組むこと。
○学校は「教育の主体」として、学びの育成に取り組むこと。
②学力向上に向けた行政(教育委員会)の支援
　学力向上の取り組みを進めていくうえで、子どもたちにとって、先生方にとってよりよい教育条件を整えていくことが行政(教育委員会)の責務である。そこで本市教育委員会として主に二つの支援に取り組んできた。
○教育条件の支援
○具体的学習の支援

2.「子育ての主体」としての取り組み

〈基本的生活習慣、学習習慣づくり〉

　本市では、コミュニティ・スクールの取り組みとして中学校ブロックでも共通目標、共通理解しながら推進している。本市は小学校12校、中学校6校あり、1中学校2小学校を基本として中学校ブロックをつくっている。生活習慣づくり、家庭教育についても小中9年間を通して、共通理解を図りながら進めている。

図1　H小学校の「学問のすすめ」

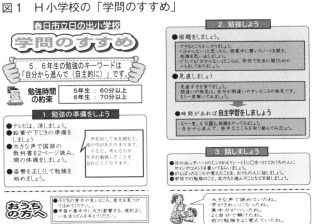

○「学問のすすめ」による家庭学習の定着
　各学校ごと、または中学校ブロックごとに家庭学習

のあり方・進め方についてリーフレット（図1）を作成・配布している。各家庭では、学校と共通理解を図りながら家庭学習の習慣づくりに努めている。

3.「地域づくりの主体」としての取り組み

〈生活体験の充実による自己有用感・自己肯定感の高揚〉
①小学生による地域貢献活動の例

　各小学校では、地域貢献活動を教育課程のなかに位置づけて実施している事例が多数ある。地域の清掃活動や環境整備、校区の公民館の高齢者サロンに出向いての交流活動などである。総合的な学習の時間などを使い、子どもたち自身が主体となって、高齢者との交流の計画を考え実施している。高齢者に喜んでもらったり、褒めてもらったりすることで、自己有用感・自己肯定感を高めることにつながっている。また学校・家庭・地域の三者に加え、児童も一緒によりよい地域にするために何ができるか、地域や保護者と一緒に考える部伍（地区）会活動（**写真1**）にも取り組んでいる学校もある。

②中学生による地域貢献活動の例

　中学校では、居住地の自治会ごとにグループをつくり、地域貢献活動を行っている。各グループにリーダーを立て、自治会長と連絡を取りながら、教育課程外のさまざまな地域行事に参加し、準備・片付けだけでなく、運営のお手伝いを行っている。年度末には、1年間の活動をまとめ、保護者や地域の方に向けた「地域報告会」を行っている。主体的に地域にかかわり貢献することから、自己有用感や自己肯定感の高まりにつながっている。

写真1　各部伍会活動の様子

4.「教育の主体」としての取り組み

(1)　小中学校共通の取り組み
①学力向上プランの作成と実践

各小中学校では、学力向上プランをもとに年間を通じたPDCAサイクルで改善を図っている。具体的には学力向上コーディネーターが中心となり、学力向上委員会や校内研修会を開き、学力調査結果をもとに課題分析を行っている。その分析をもとに、重点単元や具体的な取り組みを決めて改善を行っている。ほとんどの学校では２学期制に合わせてPDCAを２サイクル回している。

②地域連携カリキュラムの作成と実践

　各学校では、コミュニティ・スクールの強みを活かし、地域の人・もの・ことを活用した教育活動を展開している。本市では「地域連携カリキュラム」（図２）として、四つの視点「地域を生かす」「地域を学ぶ」「地域に還す」「地域と学ぶ」に整理してカリキュラムを作成している。作成した「地域連携カリキュラム」は、教育委員会がまとめ、冊子として各学校に配布し、情報の共有を図っている。

図２　小学校の地域連携カリキュラムの一部

	学年						地域連携カリキュラム				教科等	単元・主題等名	通称名	概要
	1	2	3	4	5	6	①地域を生かす	②地域を学ぶ	③地域に還す	④地域と学ぶ				
1	○							○			生活	むかしのあそびをしよう		地域のお年寄りと触れあい、一緒に遊ぶ活動を通して、伝承遊びの楽しさや遊びのコツに気付いたり、遊び方を工夫したりすることができる。
2	○							○	○	○	生活	保育園児と仲良くなろう		保育園児たちを招待し、教え方を工夫したり、道具を改良したりして、遊びを教えて昔のおもちゃで一緒に遊ぶことができる。
3	○							○	○	○	生活	じぶんのしごとをみつけよう		家族の仕事を調べたり、家の仕事を練習したりする活動を通して、自分なりにできる仕事を考え、実践することができる。
4		○					○			○	生活	夏野菜をそだてよう		身近な夏野菜に関心をもち、ゲストティーチャーに世話の仕方を教わりながら大切に育てることを通して、生命があることや成長することに気付き、植物に愛着をもつことができる。
5		○					○				生活	どきどきわくわく町探検		身近な地域の人々や地域の施設などとの関わりを通して、地域に親しみをもち、人々と適切に接したり、安全に気をつけて生活したりすることができる。
6		○					○				生活	大根パーティー		ゲストティーチャーに世話の仕方を教わり、収穫を楽しみにしながら大切に育てることを通して、生命があることや成長することに気付き、植物に愛着をもつことができる。
7		○					○			○	生活	明日へジャンプ		自分自身の成長に関心をもち、おうちの人に成長の様子や思いを教えてもらうことを通して、成長を支えてくれた人に感謝の気持ちをもち、その気持ちを伝えるとともに、自分自身の成長に願いをもちながら生活することができる。
8			○					○			社会	わたしたちのまちのようす		自分の家のまわりの様子に違いがあることに関心をもち、地域の土地利用の様子は、場所によって使われ方に違いがあることをとらえることができる。
9			○						○	○	学活	気持ちのよいあいさつをしよう		地域の人との関わりを通して、あいさつをすることがお互いに気持ちよくすることを感じさせ、相手のことを考えながら元気よくあいさつすることができる。
10			○					○			総合	ちいき名人になろう		地域の方と交流をすることで自分の住んでいる地域に関心をもち、本や資料から調べたり、他の人に聞いたりして、見方や考え方を広げることができる。

(2) 各学校独自の取り組み
①コミュニティ・スクール・スタディー（CSS）の取り組み（中学校）
　全中学校で実施されている取り組みで、放課後に自主的に学習する機会と場所を提供している。職員室前（近く）の廊下に学習机を並べ、約20～30人が一度に自習ができるようにしている。手が空いている教員や大学生ボランティアが指導に当たり、学力補充を行っている。テスト期間には大勢の生徒が参加し、学びの定着を図っている。
②チャレンジ検定の実施（小学校）
　夏休みや冬休みの課題に対して学習したことの定着度を調べる検定（テスト）を各学校で行っている。学校によっては、正答率に応じた表彰を行い、学習に対する意欲を高めることにつなげている。

5. 行政（教育委員会）による学力向上の支援

　本市では、「課題の共有化による学校と教育委員会との連携の強化」「学校と教育委員会の相互の活性化」につないでいくパートナーシップ型教育行政を推進している。「教育委員会の学校理解」「学校の教育委員会理解」を図りながら、双方向の関係を構築している。このことにより、子どもたちや先生方を支えることにつながり、よりよい教育基盤形成づくりにつながっている。具体的な取り組みについて、いくつか事例を紹介する。

(1) 教育条件の支援
①小学校6年生30人以下学級編制導入
　本市では2008（平成20）年度より小学校6年生を30人以下学級とし、クラス増に伴う欠員については市で雇用する講師を配置し、きめ細やかな指導ができる体制づくりを支援している。
②事務作業・研修等の簡素化
　教育委員会へ提出する書類やFAX送信票の鑑文を廃止し、簡単にやりとりができるようにし、事務作業を簡素化している。また、学校裁量で予算編制ができる学校配当予算枠を設定し、市教育委員会に「お伺い」を立てなくても学校裁量で学校経営が迅速に進められるように支援している。
　また本市では、市の指定による研究発表会の休止などにより、先生方の心

的・時間的な負担軽減を行っている。また市教育委員会主催の研修会の内容を精選し、出張により学校を空ける負担をできるだけ軽減している。

(2) 具体的学習の支援

①放課後補充学習「まなびや春日」

　本市の学力向上における課題の一つに、学力の2極化があげられる。そこで学習したことが十分に定着できていない小学校3年生を対象に、平日の放課後（4〜6年生は6時間目の時間帯）の45分程度、補充学習を行っている。小学校3年生を対象とし放課後に実施しているのは、算数科学習のつまずきが見られ始める学年であり、4〜6年生と一緒に下校でき、安全面の確保ができるからである。

　実施方法は、希望制で参加者を募集し、指導は小学校2校に1名配置している「教育相談員」が主務者となって教材準備等を行い指導する。指導は「教育相談員」の他、担任外教師や1〜3年の担任が加わって行っている（写真2）。

「まなびや春日」参加児童について成績推移を分析した（図3）。資料は毎年1月に実施している標準学力調査結果である。経年変化を見ると、全国平均を100として、参加児童は基礎・活用問題ともに90％前後の正答率であり、とくに活用問題に対する向上が見られており、学習成績も一定の効果があったと考えている。

　さらに参加児童・保護者、学校に対して「まなびや春日」の実施効果についてアンケート調査を2019（平成31）年2月に実施した結果、「勉強がわかるようになって自信がついた」「計算が速くなった」「テストで100点取れるようになった」等、学習の効果を実感している児童が多く見られた。

②「わくわく進級テスト」の導入

写真2　「まなびや春日」指導の様子

図３ 「まなびや春日」参加児童の成績推移

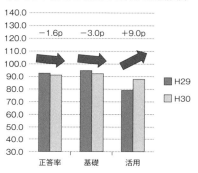
（「まなびや春日」参加児童の算数の成績推移）

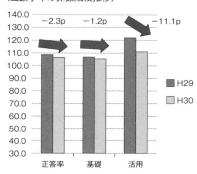
（当該学年の算数成績推移）

　当該学年の学習内容が定着しているかどうかを見るため、市教育委員会が作成した統一問題を使用した学力テストを2019（令和元）年度より実施する予定である。9月・2月の計2回、小学校3・4年生を対象に算数の学力を調査し、その後の指導に活かしていく。

③「知のチャレンジKASUGA」の実施

　2011（平成23）年度より始めた事業で、学習に対する興味・関心を高めることを目的として小学校5・6年生を対象に、国語と算数の難問にチャレンジする機会を提供している。各学校の代表者が問題作成に当たり、市内小学校1校に小学校5・6年生の他、保護者・地域の方も参加して実施している。得点に応じた表彰状を作成し、各校で表彰式を行っている。

6. 春日市立小中学校の全国学力・学習状況調査結果の推移

　以上述べてきたように、学校・家庭・地域がそれぞれ主体となり学力向上に取り組むとともに、行政（教育委員会）はそれを支援することによって、取り組みの効果が少しずつ見えてきている。

　本市の全国学力学習状況調査の結果（全国平均を100として）は、図４・５のように、コミュニティ・スクール導入後から少しずつ伸びている。小学校算数の結果はおおよそ伸び続けている。中学校数学は、2010（平成22）年がピークとなっているが、2012（平成24）年から少しずつ伸びている。学力向上の要因がコミュニティ・スクールの導入と直結しているわけではな

図4　小学校算数の結果の推移

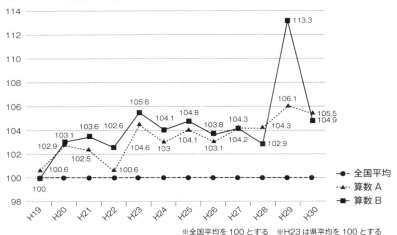

※全国平均を100とする　※H23は県平均を100とする

図5　中学校数学の結果の推移

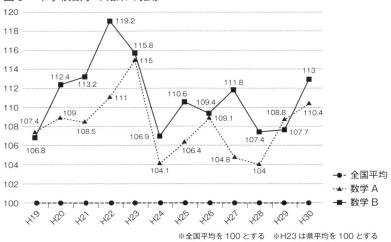

※全国平均を100とする　※H23は県平均を100とする

いが、学校・家庭・地域の三者による「共育」活動が児童・生徒の学びによい影響を与えているものと考えている。

2章　教育委員会の取り組みで学力急上昇

《埼玉県神川町》

「ユニット学習」で学び合う

埼玉県神川町教育委員会教育長　**福嶋　慶治**

　私は、2018（平成30）年4月から埼玉県北西部にある神川町の教育長として勤務をしている。神川町は、群馬県と接する人口約13,600ほどの小さな町で、幼稚園1園、小学校4校、中学校1校を設置している。教育長に就任する前は、2013（平成25）年度からの4年間、町内の丹荘小学校という中規模校の校長として勤務していた。

　今回テーマとしたいユニット学習については、私が丹荘小学校に導入した、誰にでもできる学び合いの活動である。学力向上策というより、人権教育の一環として、子ども同士がお互いを大切にできる人間関係づくりをめざした学習形態である。アンケートをとっても、90％以上の子どもがユニット学習は楽しいと回答し、少しずつ学力も向上しているので、2019（平成31）年度からは、神川町のすべての小中学校でユニット学習を本格的に導入することにした。

　私はかつて中学校の英語教員として、教育現場で生徒を指導してきたが、昔ながらの一斉授業に、なかなかなじめない生徒がいることが長い間気になっていた。何とか子ども同士が楽しく学び合える方法がないか。授業には出席しているが、実際には気持ちが入らず、黙って授業終了のチャイムが鳴るのをじっと待っている子。集団のなかにはいるが、実際には孤立している子。文科省が発表した2017（平成29）年度の小中学校の不登校数は初めて14万人に達し、過去最多を更新した。その要因は複合的だが、授業が嫌で学校に行きたくない子は多いと思う。

　改訂された学習指導要領には、「主体的・対話的で深い学び」の実現が打ち出され、現在では多くの学校で学び合いの授業が盛んに行われている。元東京大学の佐藤学先生や上越教育大学の西川純先生の学び合い理論が有名であるが、私にはむずかしく感じられた。学校現場には、初任者を含めて、指導経験の浅い若手教員も多く、誰にでもできる学び合いを導入することの必

要性を感じていた。そこで、一斉授業を基本としながら、場面によってユニット学習（グループ学習）を取り入れる方法を6年前に導入した。

1. ユニット学習とは

簡単に言えば、通常の一斉授業のなかに、ときどきグループ学習を取り入れる授業形態である。基本的には、男女混合の4人の児童・生徒が机を寄せ合って学ぶ。授業の始めからユニット学習の形態にしてもよいが、おしゃべりが多くなるなど、授業規律の乱れが心配な若手教員などの学級もあるだろうから、あえて一斉授業の形を基本にしている。落ち着いたクラスなら初めからユニット形式で授業を始めてもよい。

①ユニットとは単位の意味である。小学校低学年では、ペアやトリオのユニットで。3年生以上では、男女混合の4人くらいのユニットが望ましい。これは佐藤学先生の方式を取り入れさせていただいた。

②ユニット学習では、基本的には、お互いに気軽に教え合ったり、「ここ

を教えて」と聞き合ったりして、仲間から学ぶ、仲間に教える活動である。算数では、お互いの解き方を説明し合うことで、自分の考えと比べたり、友だちの意見から学んだりできる。従来のグループ学習では、構成メンバーの意見を練りあげて一つにまとめ、代表が発表するなどの方法が多かったと思うが、その方法だと学力低位の子の出番がなくなる恐れがある。ユニット学習なら、4人なので全員がそれぞれのレベルで参加できて、理解が深まり、満足感が得られると考えた。そのため、短時間で結論を出すというより、お互いに自分の考えを伝え合ったり、解き方を聞き合ったりして、仲間のサポートを得ながら、勉強を進める活動になる。

③活動の仕方は、授業者が「ユニットになって」と声をかけ、タイマーをセットする。5分を目安にするが、活動内容によって時間設定を変える。ただし、あまり長い時間だと、中だるみになったりするので、時間を区切ったなかで、集中してお互いに助け合う形を取るほうがよいと思う。

④ユニットを使う場面は、とくに限定しない。授業の導入で前時の復習をする場面では、あえて机を寄せないで、4人の児童・生徒が集まって、順にノートを見ながら、前時の学習内容を報告し合うことで、忘れていた事項を思い出したり、教員の発言をフィードバックしたりする。

⑤展開の場面でユニット学習を行うなら、たとえば教員が算数の新出事項を説明したあとに、子どもたちに基本問題を一斉授業の形態で行わせ、ジャンプの問題(一人で解くにはむずかしい全国学力・学習状況調査の問題など)を、ユニット学習で解かせたりする。全員が問題を解けたら、まだ解けないでいる他のユニットに行って、サポートしたりして、理想的には全員理解をめざす。ジャンプの問題は年間指導計画にあらかじめ組み込んでおく。

⑥授業の「まとめ」の場面で導入するなら、まとめたことをユニット内で順番に発表させ、友だちのまとめ方から学ばせたり、不足していた情報を補填する機会として活用することも可能である。

2. ユニット学習の留意点

(1) わかる子が、わからない子に「上から目線」で教えない

ユニット学習を行ううえで子どもたちに繰り返し指導する点は、たとえば

算数なら、早く問題が解けた子が、解けない子に「上から目線」で絶対に教えないということである。「きみに教えてもらってよかった」と相手が喜んでくれるような教え方をしよう、相手の気持ちに寄り添った説明をしようと、教員は何度もその重要性を伝えるべきである。相手の気持ちを大切にした学び合いができるユニットが教室内に増えると、自然にクラス全体の人間関係がよくなり、いじめなどが起こりにくくなる。ユニット学習の核となる部分だと考える。

(2) ユニットを構成する児童・生徒をときどき変える

　ユニット学習の構成メンバーを固定すると、気の合う人同士の集団ができたり、一人だけ仲間はずれになってしまうなどの不都合が生じることがある。そこで、1ヵ月か2ヵ月でユニットのメンバーをときどき入れ替える。学力差のあるメンバーを考慮して組ませることはとくに重要だが、孤立しそうな子どものユニットに面倒見のよい子を意図的に組み入れたりして、担任がその時々の学級の課題に応じて、メンバーを定期的に入れ替える。好き嫌

いの基準でなく、誰とでも話し合いができるようになることの大切さを学ばせたい。男女や外国籍の子どもが共に学ぶユニット学習は、多様な国からの労働者が一緒に働く、子どもたちの将来の職場環境そのもので、答のない課題をチームとして解決しなければならない社会のありように、多少なりとも対応していると思う。

(3) 初めてユニット学習を導入するなら、算数・数学が取り組みやすい

　2013（平成25）年度に、丹荘小学校で初めてユニット学習に取り組んだとき、研究対象の教科を算数に絞った。まず、全クラスの算数科の授業の流れを統一した。1年生から6年生までのどのクラスでも、問題なら「問」、課題なら「課」という掲示物を黒板の左側に貼って授業を進める。どの学校でもやっていることかもしれないが、児童は学年が上がっても同じスタイルの授業を受けられるので、見通しをもって授業に臨める。

　また、算数なら解答が一つのため、学び合いのなかで答が出やすい。また、発展問題なども市販のものや全国学力・学習状況調査のもの、他の教科書のものなど、用意しやすい。

(4) 安定した学級づくりの基盤にユニット学習を据える

　男女混合で学び合う授業形態は、全国のどこの学校でもやっていることで、特別な試みではないが、学力向上策としてだけでなく、相手の人格を尊重し、クラスのすべての仲間がわかるようになることを目標にした学び合いをやっている学校は少ない。学力向上ばかりに偏ると、子どもの心が育ちにくい。一人ひとりの力を伸ばすことは大前提だが、学級全体で伸びていこうという、人間関係が安定した学級集団づくりは非常に重要である。不登校やいじめが後を絶たない昨今の情勢が少しでも改善されるとすれば、毎時間の授業のなかで、子ども同士をかかわらせ、相手を大切にした説明や言葉がけを常に意識させ、できない子、わからない子が、「ここがわからないから教えて」とクラスメートに自然に言える学習環境をつくり、居心地のよい学級集団をつくることである。

　算数や国語だけでなく、体育や家庭科、給食や清掃でも、ユニット学習の精神は生かされなければならない。ちなみに、神川町では数年前から自問清掃、膝付き清掃を小学校で取り組み、現在は中学校にも根付き始めている。

3. 英語の授業に最適なユニット学習

　外国語活動と外国語科の授業が、2020（令和2）年度から小学校で本格実施される。本町でもその準備に追われているが、ユニット学習を導入していけば、話す活動の「やりとり」の部分はカバーできると思っている。

　2019（平成31）年2月19日に、丹荘小学校の6年1組で、提案授業を実施した。この授業は、担任の辻村洋志教諭と私との共同研究で、子どもの英語をできるだけたくさんアウトプットさせることをねらいとした。ペアでの会話練習をさらに4人のユニットに発展させ、さらに教室すべてに活動領域を広げる拡張性のある英語の授業だった。英語に自信がもてない子でも、ユニットのなかでならトライやエラーがたくさんでき、恥ずかしさを感じないで、自分のペースを守りながら英語が話せる。ユニットという中2階での活動を入れてから2階に上がらせるという段階を踏んだ授業なら、クラス全体の前で発表することが苦手な子や学力低位の子にも抵抗感が少なく、英語嫌いを防止するよさもあると思う。今後は、他の3小学校と中学校にもユニット学習を活用しての英語授業を普及させ、学校ごとのスタイルづくりを進めていきたい。

4. もう一歩進んだユニット学習をめざして

　日本の教育の課題の一つは、教師主導型の教えこむ授業からなかなか抜け出せないことだと思う。学習指導要領を遵守して、決められた授業時数を計画的にこなすためには、ある程度それもやむを得ないところだが、NHKの教育番組「白熱教室」のように、学生が課題に対して意見を出し合い、参加者全員がお互いに触発されながら学び、成長していく授業を、日本でも模索すべきだと思う。それには、今以上に、教員が発問のクオリティを上げることが重要である。また、家庭学習の課題の質を高めて、たとえば、その日に学んだ内容をノートに要約させて、次回の授業の冒頭のユニット学習のなかで、口頭で発表させるなど、学習内容を常にプレゼンさせる習慣を身につけさせる工夫が大切である。授業→宿題→授業をサイクルでとらえたい。

　さらに、自分の言いたいことを相手に的確に伝えるためには、①話の順序

に注意して、②相手に聞こえる声の大きさで、③わかりやすく話すなど、児童・生徒の意識化を図ることが必要である。これまでの日本の教育では、相手を意識した発言やわかりやすい説明など、アウトプットを意識した表現力の養成が不足していた。マインドマップを駆使して自分の発想を広げたり、簡単なメモだけを使わせて自分の意見を言わせる訓練をしたり、テーマを与えてユニット同士でディベートをさせるなど、始めからアウトプットを意識した知識・技能のインプットが、今まで以上に求められていると思う。

＊

　本町のような小規模な田舎町の子どもたちが、先行き不透明な未来社会で生き残るために、教育委員会として、今できることは何か。なかなかむずかしい問題である。国際化が進んで英語でコミュニケーションする機会が増えそうだとか、情報化社会で活躍するためにICT活用能力が今以上に必要になるだろうなど、私のような人間にも漠然とだが想像がつく。

　しかし、どんなに時代が進んで科学が発達しても、人間同士が互いにかかわり合って、問題を解決したり妥協点を見つけたり、互いの情報や意見を交換してよりよい方向をめざすような活動は必要だろう。むしろ、そのようなコミュニケーション力が、ますます求められる時代になると確信する。

　昨今の子どもの生活を見ると、スマホやビデオゲームなどに夢中になり、友だちといっしょにいても、個人での遊びに終始している。家族のなかでも、保護者自身がゲーム世代で、他人とのコミュニケーションが苦手で、わが子との関係もうまくいかなくて困っている、などの笑えない状況もある。

　このような時代の学校現場に求められるのは、子ども同士が、相手を大切にしながら、言葉を交わし、助け合ったり問題を解決したりして、共に喜び励まし合う活動である。ユニット学習の意義はそこにあると思っている。

　以下に町内の教職員に不定期に発行している通信を参考までに掲載しておく。

教育長不定期通信⑭　平成31年1月5日（土）

アウトプット型の授業とは

神川町教育長　福嶋慶治

　明けましておめでとうございます。今年もよろしくお願いします。
　1月4日に新しい役場庁舎のテープカットがあり、学務課、教育長室ともに新庁舎2階に引っ越しました。
　さて、『学びを結果に変えるアウトプット大全』（樺沢紫苑著）というビジネス書を読んでいたら、授業のヒントを得られた感じがしたので、ご紹介します。
　インプットとは、脳の中に情報を「入力」することであり、アウトプットとは、脳の中に入ってきた情報を処理して、外界に「出力」することです。「読む」「聞く」がインプットで、「書く」「話す」「行動する」がアウトプットです。読書がインプットで、読書した内容を誰かに話すのがアウトプット。授業を聞くのがインプットで、聞いた（学んだ）内容を誰かに伝えるのがアウトプットです。著者は、作家で精神科医ですが、脳の特性を利用して、インプットした内容を2週間で3回以上アウトプットすると、脳の「海馬」に一時保存された情報が、「側頭葉」に移動して、長期保存されることの重要性を指摘しています。そこで、著者の主張を学校現場に置き換えて考えてみました。
　日本の学校でこれまで行われてきた授業では、先生が説明して（先生がアウトプット）、児童・生徒が聞いてノートに記録すること（児童・生徒はインプット）が中心でした。書くことはアウトプットの行為ですが、脳で処理しないでただ黒板を書き写すだけではインプットに近い行為です。多くの日本の学校や大学では、このようなインプット中心の授業を、明治の学制改革以降ずっと行ってきました。しかし、NHKの「白熱教室」をご存知の先生も多いと思いますが、現在多くのアメリカの大学では、学生のアウトプットを前提にした授業が行われていると聞きます。学生は、授業に関する膨大な資料を宿題として読み込んで講義に望みます。そして授業では、自分の意見や感想を求められるアウトプット型の授業が展開される。
　では、アウトプットを前提とした小中学校の授業とは、どんなものでしょうか。
　たとえば、先生から習ったことをユニット学習で誰かに説明する。算数なら自分の解き方を説明する。これが1回目のアウトプットです。授業の最後に本時の「まとめ」を書かせますが、これが2回目のアウトプットです。さらに、次時の授業の冒頭で、前時に学んだことをユニット学習でもう一度口頭説明させる。これが3回目のアウトプットです。3回目のアウトプットと宿題を結びつけることがポイントです。つまり、前時に学んだ内容を、次時の授業の導入段階で、1分以内で自分の言葉で短く説明できるようにせよ、という課題を家庭学習に出すのです。次時の授業の冒頭に必ず誰かにアウトプットすることを前提にすれば、これまでの受け身の授業を少しでもアクティブなものに転換できるのではないでしょうか。
　アウトプットを前提にした授業には、大きな可能性があると思います。

3章 学び合いで学校が変わった

3章　学び合いで学校が変わった

《日高市立高麗中学校》

人間関係を土台とした「学び合い」

埼玉県秩父市立影森中学校長／前埼玉県日高市立高麗中学校長　**横田　健男**

　本校は小規模校であり、大部分の生徒が小中9年間を同じ仲間と過ごしている。教員は1名配置の教科が多く、教科会を開くことがむずかしい。そこで、「学び合い」を共通のテーマに掲げ、学力向上に取り組むことにした。「学び合い」を実践し学力向上を図るためには、強固な土台が必要である。本校では、まず「生活習慣・授業規律の確立、学習環境の整備」を行い、次に「学び合い」に必要不可欠な「好ましい人間関係の構築」に取り組んだ（図1）。

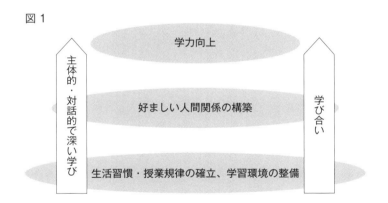

図1

1．学力向上の土台づくり

（1）　生活習慣・授業規律の確立、学習環境の整備
①年間を通してノーチャイムにすることで自主性・行動力を育成
②生活目標を飾りとせず、徹底することで基本的生活習慣を確立
　「高麗中生のマナー」を10項目設定し、「月ごとの生活目標」とともに、全校生徒が毎月自己評価をしている。

③「学習コーナー」の設置・充実

　各教科のプリント、埼玉県が独自に実施している「埼玉県学力・学習状況調査」に係るコバトン問題集・復習シート、本校独自の「高麗中検定」の練習問題等を置いている。生徒は必要に応じて自由にプリントを持ち帰り、家庭学習で活用している。

④「自宅学習システム」の活用

　日高市では、インターネットにつながる環境があれば、小学校１年から中学校３年までの全教科のドリル教材を、個々のニーズに応じて自宅で学習できるシステムを導入している。インターネットにつながる環境がない場合には、教材の入ったタブレットを貸し出している。

(2)　好ましい人間関係の構築

①アンケート調査を活用した人間関係づくり

　年２回、「よりよい学校生活と友達づくりのためのアンケート」を実施している。調査結果を分析することで、学級集団の状況や生徒一人ひとりの様子を把握することができる。やる気にあふれ、居心地のよい学級をつくるために活用している。

②支持的風土を重視した学級経営

　「学び合い」を充実させるためには、生徒が自分の考えや感じたことを堂々と言えること、多様な意見を受け止められること等が前提となる。「学び合い」を行う際は、ペアやグループですぐに意見交換を始められる人間関係ができているかを確認している。学級担任は、生徒一人ひとりが認められ、よさや可能性を発揮し、他者の失敗や短所を認め、共感できる雰囲気の醸成に努めている。学級が「心の居場所」となり、充実した学校生活が送れるように、支持的な風土づくりを重視している。

③伝統の重さを実感できる学校行事

　特色ある伝統的行事である「日和田山全校登山・清掃」、50年以上続く「立志式」等は、生徒だけでなく保護者・地域の方も誇りをもっている行事である。上級生があるべき姿を示すことで、学年間の好ましい人間関係構築につながっている。

④生徒が主役であることを自覚できる生徒会活動

一人ひとりの生徒が、異年齢集団のなかで自己を生かし、よりよい学校生活を築こうとする自発的・自治的な活動が展開できるよう努めている。生徒昇降口に設置された目安箱には、学校生活に関するさまざまな意見や要望が寄せられる。学校生活の向上に資する意見等は、可能な限り実現させ、生徒が学校の主役であるという自覚を深めている。生徒同士だけでなく、生徒と教員との人間関係の構築にもつながっている。

2.「学び合い」の導入・実施

(1)「高麗中モデル」の設定

　学力向上は、永遠に求められるテーマである。さまざまなアプローチが考えられるなか、「学び合い」を実践することにした。理由としては、一斉講義型の授業が多く見られたこと、頭をフル回転させて思考する場面が少ないことがあげられる。

　まず、全教科共通の「高麗中モデル」を設定した。設定理由は、特定の教科にテーマを絞ると、「それは○○科の特質だから、△△科には当てはまらない」というような、中学校の文化（？）と表現するのはおかしいが、教科の壁をなくし全員で取り組むためである。

　また、「高麗中モデル」のなかに、「対話的な学び」として、必ずペア学習またはグループ学習を位置づけることにした。「対話的な学び」＝「ペア学習・グループ学習」ではないが、約束として位置づけない限り、一斉講義型のみの授業から脱却し、指導の引き出しを増やすことはできないと感じていた。

　さらに、校内で授業を公開するときは、「ここ見てシート」（図2）というA4判1枚の略案を作成することも約束とした。指導者を校外から招聘して行う研究授業や研究発表会では、略案ではない学習指導案を作成する。しかし、それらの機会はけっして多くはない。校内で授業を見合う機会を増やすこと、ポイントが明確になった授業かつ教科の壁をなくして深め合うことを目的として、時間をかけずに作成可能な「ここ見てシート」を活用することにした。参観者は、ポイント1～3を共通の視点として授業を評価し、気づいたことを授業者に伝えていく。「高麗中モデル」という一つの型を拠り所

として、全教科で一貫した視点をもって研究を深められるようになった。

図2

ここ見てシート　　授業者（○○　○○）

授業日・授業場所　　○○年○月○日（○）第○校時・○A教室
学年・教科名・単元名　○年・○○・○○○○○○
生徒に身につけさせたい力 　　　　○○○○○○○○○○○○○○○○○○○
生徒へ提示する学習課題 　　　　○○○○○○○○○○○○○
対話的な学び　※実施予定に○　　ペア学習　・　グループ学習

	学習活動　※「対話的な学び」がわかるように明示	時間
導入	1　前時を振り返り、本時の学習課題を確認する。 　　学習課題　○○○○○○○○○○○○○	○○分
展開	2　○○○○○○○○○○○○○○○○○ 3　○○○○○○○○○○○○○○○○○ 4　○○○○○○○○○○（○○学習）	○○分
まとめ	5　本時の学習を振り返る。	

参観者感想 ※参観の視点例：「学習課題」、「対話的な学び」は有効であったか。 ○○○○○○○○○○○○○○○○○○○○○○○○○○○○ 　　　　　　　　　　　　　　　参観者氏名（○○　○○）

ポイント1
「生徒に身につけさせたい力」（何を学ぶか）を明確にしておく。
・学習指導要領に基づいて設定する。明確に設定することにより、必要な学習活動（どのように学ぶか）が見えてくる。

ポイント2
「学習課題」を提示する。
・生徒が夢中になって取り組めるような学習課題を設定する。よい学習課題を設定することが、充実した学びにつながる。
・何を学習したらよいのかつかみやすくするために、具体的でイメージしやすい表現になるよう工夫する。

ポイント3
「対話的な学び」として、（ペア学習・グループ学習）を設定する。
・単元のなかで、意図的・計画的に組み込んでいく。
・「対話的な学び」の基盤となる好ましい人間関係づくりに、日頃から努めていく。

(2)　「学び合い」の実践（数学科）

①学習課題の工夫

○疑問形で示し、振り返りがしやすいように工夫した。

例：分数を含む方程式を解くときの注意点は？

例：空間図形で新たに発見した知識、性質は？

例：作図をするにあたって大切なことは？

○学習課題は、教科書の内容に沿って設定している。ただし、簡単に解決できる課題ではなく、グループ全員が身につけている知識を総動員しないと解決できないレベルをめざした。理想は、学級の3分の1の生徒が個人で解決できるレベルだと考えている。

○各グループの進度の差に対応するため、プリントによる課題提示の工夫をした。一例として、3学年の図形と相似を例にあげてみる。難易度の違う4種類のプリントを用意する。課題1からスタートし、最終的には課題4の解決を目標としている。

・課題1：それぞれの適当な四角形ABCDを書き、各辺AB、BC、CD、DAの中点をそれぞれE、F、G、Hとする四角形EFGHを書きなさい。

・課題2：課題1で書いた、四角形EFGHがどんな四角形となるかを、グループ内で話し合い、友だちが書いた図と比べながらグループで予想しなさい。また、そのグループ内で考えた予想を証明しなさい。

・課題3：課題2とは違う証明方法を考え、証明しなさい。また、四角形EFGHは、四角形ABCDによってどのように決まるのかを考えなさい。

・課題4：四角形EFGHが長方形やひし形、正方形になるとき、それぞれ四角形ABCDの対角線AC、BDにどんな条件があればよいかを考えなさい。

　i 四角形EFGHが長方形となるには……

　ii 四角形EFGHがひし形となるには……

　iii 四角形EFGHが正方形となるには……

○授業のまとめとして振り返りを行い、本時の学習課題に対しての達成度等を記述させている。個に応じた指導に生かすようにしている。

② 「学び合い」のグループ編成の工夫

○毎時間、4人のグループでの「学び合い」を実施している。

○可能な限りグループでの「学び合い」の時間を長く設定する。

○グループ内で自信をもって話し合いが進行できるよう、机間指導により考え方の方向性等の確認・支援を積極的に行っている。

○進度はグループで異なるが、極力差がつかないように配慮している。
○学級の生活班によるグループではなく、数学の授業のみのグループを意図的に編成している。一例をあげると、活発な話し合いを促すために、同レベルの2人ずつを組み合わせた4人のグループとしている。わかりやすく説明するために、ここではレベルをABCの3段階で表記する。グループでの「学び合い」を始めた当初は、ABBCのような4人1組を編成していた。しかし、AがCに教えることはあったが、Cからの発言は限定されていた。そこで、現在では、Cからの発言を増やしたいと考え、AACC、BBCCのようなグループ編成をしている。いずれにしても、意図的なグループ編成は試行錯誤を繰り返しており、「学び合い」のねらいや生徒の様子により随時変更している。

③「学び合い」の成果
○教科の特性を生かした工夫が見られるようになった。教科独自の意図的なグループ編成による「学び合い」、タブレット等のICT機器を活用した「学び合い」、ペア学習を生かした「学び合い」等、日常的に各教科で展開している。
○一斉講義型の授業より、生徒の学習意欲に高まりが見られ、生徒自身が授業に参加できている自覚・喜びを感じている。意見や疑問点を自由に話し合うことにより、教室全体が明るく、何とも言えない心地よさや柔らかい雰囲気に包まれている。
○グループごとに、多様な考え方が出ている。いくつもの意見や解法を確認したり認めたりすることができる。また、課題を解決するだけでなく、新たな知識の共有等もできている。
○「埼玉県学力・学習状況調査」の生徒質問紙調査において、学級生活の楽しさ、学習意欲、前向きな思考等に高まりが見られた。各教科の正答率も伸びが見られた。
○「全国学力・学習状況調査」において、学校生活の充実度、学級での協力、学習意欲、各教科の正答率が向上した。

3章　学び合いで学校が変わった

《福岡市立東光中学校》

「学び合い」と ICT 教育の実践

福岡県福岡市教育センター研修指導員／前福岡県福岡市立東光中学校長　元主　浩一

　21世紀型の資質・能力の育成に向け、文部科学省によるアクティブ・ラーニングとICT教育の推進が求められる一方、従来の一斉型授業に留まり、ICTを有効に活用することができていない中学校が多く存在する現状がある。そこで、校長がとるべきリーダーシップの重要性を根幹とし、現在そして将来の国際社会で子どもたちが「幸せ」を実現することができる、授業改善や、21世紀型の教育活動の組織化と、その成果や有用性についてデータを基に言及したい。筆者が校長として勤めた福岡市立東光中学校は、教育困難校として名を馳せていたが、2013（平成25）年度より協働的な「学び合い」を導入することで、「学力」の向上、「コミュニケーション能力」と「問題解決能力」の育成をめざした。協働、またはコラボレーションとは、ある問題に対し互いの意見を交換、一人ひとりの異なる能力や考え方からアプローチすることで、よりよい解決策を生み出す過程を指す（Gray、1989）。真に子どもの主体性、創造性を育む授業を創るには、子どもたちが自らにとって切実で身近な問題を探究する「問題解決型学習」が有用である（加藤、2016）。「学び合い」は、子どもたちが1人あるいは複数のグループをつくり、そこで交わされる膨大な会話の量によって学習内容の理解に到達する授業形態を本質とする（西川、2010）。

　「学び合い」を始動するにあたり、教師、児童・生徒、保護者、地域全体が共通の認識をもち、同じ方向を見定める必要があった。校長として教育現場をリードした取り組みについて以下に述べる。

1. 教育活動の組織化

　日本教育経営学会（2009）は、あらゆる児童・生徒に対して行われる教育活動の質的改善がなされるように、学校としての共有ビジョンの確立、カリキュラムの開発・編成、教職員の職能開発、あるいは教職員の協力体制と協

働的な風土づくり等、さまざまな組織的条件を整え構築することが、校長の役割の中心に置かれなければならないと示す。実際に東光中学校で行ったこれらの取り組みについて個々にあげる。

(1) ビジョン形成・共有

　生徒と教師の意識改革のためのビジョン形成は必須であり、これが教育活動の組織化にとって一番の成功の鍵とも言える。当時掲げたビジョンは、「誰一人見捨てない」「子どもたちは有能である」という理念のもと、すべての教育活動で「学び合い」を行うというものだ。校長として、教職員のみならず、児童・生徒、保護者、地域住民に支持されるよう、あらゆる機会において「学び合い」の有用性を説明した。子どもたちに対しては、意識変革のため、「学び合い」の理念である「みんなは有能だ」「みんなでわかることはすばらしいんだ」と言い続ける。また教師に対しては、発想の転換を求める。これからの教師の仕事は、「教える」ことが中心ではなく、「学びの支援」をすることが中心であることを伝え、理解を促した。全員が同じゴールを所持することが重要な基盤となると考える。

(2) 諸資源の整備と効果的な活用

　急速な情報技術の発展を考慮すれば、子どもたちにICT教育を取り入れることは必須である。「学び合い」を効率的に円滑に進めていくために、ICT機器を導入した授業や学校行事等の取り組みを全教育活動で実践してきた。地域の理解と支援により、全教室へのプロジェクターとスクリーンの設置、全教員へのタブレット配布、生徒用のタブレットを約80台準備することが可能となった。また、定期的な研修会を実施し、「学び合い」と「ICT教育」の実態、課題、改善点を共有できる場面を設定した。また外部からの視察を積極的に受け入れることで、教材研究が練られ洗練されていった。

(3) カリキュラム・マネジメント

　学校や子どもたちの実態を把握したうえで、適切な教材研究や「学び合い」を行うため、各教科の授業をオープンにし、自由に見学や意見を言える雰囲気づくりを行った。また、面接や日常会話を通じて、先生たちの提案に積極的に耳を傾けた。これが新たな取り組みへのチャレンジや教師の裁量を広げることとなり、自由な発想が生まれ、教育の活性化に繋がった。主な取

り組み例としては、異なる教科の共同授業等、教科横断的活動、学年を越えた縦断的活動、小中連携、特別支援学校との交流等があげられる。管理職や教務だけでなく、それぞれの教師が自ら考え、カリキュラム改善に目を向け、意識を高めていくことを主眼とした。生徒の多角的視野の育成において、カリキュラム・マネジメントは今後の学校教育では外せないキーワードである。

2.「学び合い」とICT教育の成果と実績

(1) 学力の向上

「学び合い」を開始した2013（平成25）年度から着実に成績が向上した。図1は過去4年間（7回）の実力テストの県平均点と本校平均点を比較したグラフであるが、平成26年度入学生から平均点は大きく上昇し、目を見張るほどの結果が現れた。平成25年度入学生を見ると、1年次は過去の状況と同様テストごとに平均点の下降が見られたが、平成26年度より上昇を示し、3年次には県平均と比較して10点以上上回るという結果が出た。平成26年度入学生においては、入学次から「学び合い」を開始し、その結果経年ごとに上昇を示し、3年次には合計平均が県平均を20点以上超えるという成果が得られた。同様に、図中の平成27・平成28・平成29年度入学生の実力テストの推移を分析する。4月の入学次から県平均点を下回っていたが、入学以来の全教科・全授業での「学び合い」実践の結果、経年ご

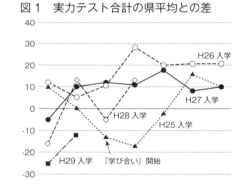

図1　実力テスト合計の県平均との差

図2　福岡市学力定着度調査得点（数学）

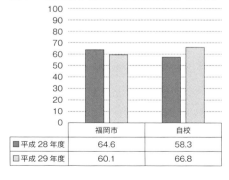

	福岡市	自校
平成28年度	64.6	58.3
平成29年度	60.1	66.8

3章　学び合いで学校が変わった

とに大きな伸展を見せ、2・3年次には大きく県平均を上回っていることが認識できる。平成29年度入学の1年生においては、入学次の4月は県平均からマイナス23点で始まったが、2回目のテストでは10点近くの伸びを見せ、今後のさらなる伸展が期待できる。図2は、平成28年度入学（現2年生）の毎年10月に行われる福岡市学力定着度調査の数学の結果である。福岡市平均比マイナス6点からプラス6点という飛躍的な上昇を示し、とくに知識を活用する問題（資料の活用や数と式の活用）で大幅な伸びが見られた。

これは「学び合い」が子ども同士の対話的な学びを通して、知識を活用した思考力・判断力・表現力等の育成に効果をあげている結果である。

(2)「コミュニケーション能力」と「問題解決能力」の育成

「学び合い」の効果は、「コミュニケーション能力」や「問題解決能力」の育成にも及ぶ。他者に配慮しながら自分の意見を述べたり、多様な意見を参考にしながら自分の考えをまとめたりすることで、異なる人々や考えと折り合いをつけコミュニケーションを取る子どもたちが増えてきた。また、協調性や異文化理解力にも発展し、その効果は絶大である。図3では満足度の圧倒的な高さ、表では「不登校生徒」の大幅な減少がわかる。

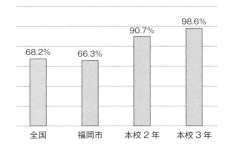

図3　学校満足度調査

表　不登校生徒の推移

	4月時点	3月時点
平成25年度	8名 →	9名
平成26年度	9名 →	5名
平成27年度	6名 →	2名
平成28年度	2名 →	0名
平成29年度	0名 →	0名

最後に「学び合い」の効果と「マズローの欲求5段階説」の相関関係図を示す（図4）。

図4左に示す「学び合い」の効果を表した円状の図形の上に「協働的コミュニケーション」とあるが、「学び合い」の起点と終点には、助け合い、協力し合い、自分の意見を相手に伝える、または相手の話に耳を傾ける「協

図4 「学び合い」の効果(左)と「マズローの欲求5段階説」(右)の相関関係図

働的なコミュニケーション」が必ず存在する。協働とはある問題に対し互いの意見を交換、一人ひとりの異なる能力や考え方からアプローチすることで、よりよい解決策を生み出す過程を意味する。協働的コミュニケーションを行うことで、集団に属しているという意識から、子どもたちの間に所属感や安心感が生まれる。これは図4右のマズローの欲求三つ目の社会的欲求に当たる。今まで授業が理解できず何もせずに過ごしていた子どもたちが、周囲の子どもたちに「教えられる」ことで自分の存在を認識し、「わかりたい」という意欲が生まれる。マズローの二つ目の尊厳(尊重)欲求が「相手に認知されたい」という欲求であるが、「教え、教えられる」この二つの行為によって「自分の役割」に気づき、「ありがとう」「わかった」と言われることで、喜びや自信に繋がる。教えられるほうも教えるほうも授業内容の理解が高まり、自尊感情が高まっていくと考える。自尊感情が高まると、「日々の授業でもっと挑戦しよう」「将来はこういうことに挑戦しよう」という意欲やチャレンジ精神がわく。また「自分も教える側になって貢献したい」と感じるようになり、これが責任感や使命感へと発展し、その後の協働的コミュニケーションへと帰結する。「学び合い」の繰り返しにより、子どもたちは自己表現に自信をもって取り組むようになる。

(3) ICT教育の現状と実績

全教科でタブレットを活用した授業実践を行ったことで、機器の操作、課題や目的に応じた必要な情報を収集することに慣れ親しんでいる子どもたちが多い。ICT活用は「学び合い」授業の展開をより効果的にするものと考

え、ICT教育の実証研究を実施し、ICTの活用を学習場面に応じて整理し、写真や動画等の資料をタイミングよく提示したり、必要な情報を目的に応じて適切に表現させたりする等して、生徒たちの理解を深化・拡大するための活用方法を実証研究で探った。実証研究の成果として、教員アンケートから、ほとんどの職員が、授業の質を高めることができたと感じていることがわかった。また、生徒たちの情報活用能力はおおむね向上していることがわかった。理由として、「情報収集に熱心に取り組む場面が多かった」「活用機会が多かった生徒は、情報の選択・処理が上手になった」等がある。さらに、生徒アンケートの「ICTを使うと学習内容がわかりやすくなったり、理解が深まったりしますか」という質問に対して、約50％の生徒が「とても」、約30％の生徒が「少し」と回答した。多くの生徒たちが、ICTを活用した授業は学習内容に対する理解度の高まりに繋がると感じていた。実証研究の結果から、ICTの活用は授業の質を高め、学習内容に対する生徒たちの理解を深め広げることに繋がり、「学び合い」授業展開をより効果的にすると考える。

＊

校長は、児童・生徒に必要な学びを実現し、そのためにあらゆる教職員が創意を発揮できるように、教育活動の組織化をリードする役割を遂行しなければならない（日本教育経営学会、2009）。国際化や情報化社会の変化に対応し、子どもたちが「幸せ」を実現することができる21世紀型能力を育成する学習環境や教育のあり方を探求することは、学校の命題であり、校長のリーダーシップが肝要であると考える。

《参考文献》
(1) Gray,B., "*Collaborating, finding common ground for multiparty problems*", Jossey-Bass Inc., Publishers, 1989, p.5.
(2) 加藤幸次『アクティブ・ラーニングの考え方・進め方――キー・コンピテンシーを育てる多様な授業』黎明書房、2016年、89頁・124頁。
(3) 西川純『クラスが元気になる！「学び合い」スタートブック』学陽書房、2010年、42頁。
(4) 日本教育経営学会『校長の専門職基準〔2009年版〕――求められる校長像とその力量』2009年。

3章　学び合いで学校が変わった

《有田市立宮原小学校》

子どもと子どもをつなぐ授業改善にベクトルを合わせて

前和歌山県有田市立宮原小学校長　下田　喜久恵

　本校では、前任の藤井校長の時代から（その当時筆者は教頭）学び合いに取り組んできた。本校の学び合いは教科書やワークシートによる学習課題をグループワークで協力しながら取り組んでいく。授業の最後には確認テストを実施し、全員満点をめざしている。学習課題への取り組み方はあらかじめ「学習メニュー」として子どもに配布しているので、子どもは教師の指示がなくとも主体的に学習課題に取り組んでいる。

　写真は、本校が算数の時間の最後に実施している「確認テスト」で、クラス全員が満点を取り、皆で喜び合っている2年生の様子である。

　子どもたちはこの瞬間のために仲間と力を合わせてがんばり、授業者は子

どもたちにこの達成感を味わわせたいと授業改善に臨む。まさに、「協同の原理」に導かれた学習の成果である。

　学力向上の鍵は、授業と家庭学習にある。これは、教育の普遍的な要素であり、各校で研究・改善が進められているところであろう。以下、宮原小学校における授業実践を紹介する。

1. 授業改善――子どもと子どもをつなぐ授業を通して

(1)　OJT授業研修
　研究授業ではないことを年度当初に職員に理解させるが、理解がむずかしい職員には時案付きの公開授業であると話し、普段の授業が対象になることを押さえる。以下、本校OJTの基本である。
○時案は、A4サイズ1枚とする。（学習メニューでもよい）
○授業で使用する資料やワークシート等は、教室入口に置いておく形でもよい。
○低・中・高学年部や教科部単位で、必要に応じて実施する。授業研究部や管理職が意図的に計画する場合もある。
○参観、協議への出席は、主催する学年部（教科部等）、希望者、管理職を基本とする。

(2)　子どもと子どもをつなぐ授業
　例年70回前後のOJT授業研修を重ね、どのような授業改善を行ってきたのか。本校がすべての授業で大事にしている3要素について説明する。
①めあて
　主語を明確にし、子どもと子どもをつなぐ言葉を入れ、教科としての認知目標と態度（行動）目標を明らかにする。たとえば、算数なら「クラス全員が、～を理解し、確認テストで満点をとることができる」となる。授業始めに「教科書タイム」を30秒から1分間設定し、ペアやグループで短時間話し合わせ子どもたち自身がめあてを考える活動も時々入れる。
②学習メニュー
　子どもに提示する1時間の授業デザインである。プリントを配布したり、黒板やICTを利用したり、提示の仕方に規定はない。本校が重視している

のは、子どもたちに見通しを持つ力をつけることである。その考えに基づき、自習できるレベルで作成している。単元始めには「単元メニュー」(単元計画)を配布し、単元全体を見通す手立てをとることも多い。

③ふり返り

　自己評価・相互評価であると同時に、授業始めに紹介することで、子どもと子どもをつなぐ、前時の授業と本時の授業をつなぐアイテムとなる。毎日続けると「書く力」が向上する。「ふり返り」はさまざまなレベルアップを図るうえで重要である。

　実際の写真(図1)と学習メニュー(図2)でイメージしていただきたい。

図1

教科書の例題の拡大コピーをスケッチブックに貼った教材でグループ学習。

「クラス全員満点」を達成するために、確認テストの時刻ぎりぎりまで熱心に教える。

一人が教え、一人がその教え方を聞き、間違いがないかチェックするとともに、自分の考えを確認する。

確認テストの難易度は、教科書下段の練習問題程度としている。

　たとえば、「数学的な考え方」を取り扱うときなどは、グループ発表の時

図2　5年算数 「整数と小数」 学習メニュー

4月20日（金）

テーマ：整数と小数のしくみ　【知識・理解】　（　　）組　名前（　　　　　　　　　）
めあて：クラス全員が、整数と小数のしくみを理解し、確認テストで満点がとることができる。

時間	学　習　内　容	形態
3分	1．導入 ①めあて、メニューの確認（1分）　②先生の話（前時のふり返りから）	一斉
10分	2．課題1「学習内容の理解」 ①スケッチブックを使って算数リーダーを中心に学習内容を理解する。 　・わからないときは、自分から「教えて」と言う。 　・教える人は、責任を持って最後まで教える。 ②グループ全員が内容を理解できたら、課題2へ進む。	グループ
18分	3．課題2「ワークシートで練習」 ①まずは自分の力で解く。 ②はやくできた代表1人が交流スペースで答え合わせをする。 ③それをもとにグループ内で答え合わせをする。 ④グループ全員が、教科書の内容でわからないところをなくす。 　⇒困っている人がグループやクラスにいないと判断したら、計ド6をする。	個人 グループ
7分	4．確認テスト ①時こくぴったりに始められるように準備をする。 ②「立腰」をして問題を解く。 ③ふり返りをていねいに3文以上書く。（「空白禁止」をつらぬく）	個人
7分	5．選択学習（先生は確認テストの答え合わせ） 　アイプリ集・ジャンプ問題・計算ドリル・予習（算数ノート）・問題作り 6．学習のまとめ→確認テストの結果を知り、間違えポイントを考える。	個人 一斉

※グループ学習時、授業者の直接の介入は最小限とし、主に子どもの教え方が正しいかチェックする。
※課題2の後半で必要に応じてリーダー会を持つ（子どもが主体的に、または授業者が招集して）。
※「空白禁止」は、自分のなかで空白の時間（何もしない、考えない）をつくらないということ。
※授業者は常に子どもたちの様子を観察し、つまずきの傾向を発見したら一斉学習等の手立てを打つ。
※上記は基本的な学習メニュー。教材や子どもたちの成長に合わせ、学習メニューは工夫される。

間をとるなど一斉学習の時間を多く設定することもある。パターン化しない柔軟な単元計画を立てることが重要である。

「確認テストの結果を公表するのは人権的に問題があるのではないか。教え合いは序列ができないか」という質問をよく聞く。どの授業者も、「そのようなことは全くありません。もしあったとしたらその場で指導するのが教育だと思います」と答えている。

また、教師の姿勢としては、「テンションを下げる」「教師の言葉数を減らす（精選する）」「常に子どもと子どもをつなぐことを考える」「学習への自尊感情を高める」などを共通認識している。

(3) 自習で培う判断力

OJT授業研修が多い分、自習も多くなる。当然先生はいない。学習メニューに沿って子どもたちで授業を進める。本校の自習は、教科書を計画どおり進める自習である。算数では確認テストも同じように行う。驚くことに、自習のクラスのほうがテスト結果がよい場合が多い。子どもたちのモチベーションが、学習の成果に大きく影響しているのがわかる。

自習の時間、スムーズに学習が進むということは少ない。あらゆる場面で判断が必要になってくる。2例（図3）を紹介する。

図3

「確認テストの時間！」「待って！まだ分かっていない人がいる。」……「じゃ、分かってない人？」各班にいたのでテストを中止し全員で教えに回った。（5年）

リーダーが集まって各班の進捗状況を具体的に報告し合っている。この後、班を越えて教え合いが始まった。（4年）

他にも、学習メニューの順番を入れ替えたり、自分たちで一斉学習を行っ

たりすることがある。一人が決めるのではなく、リーダーの子どもたちやクラス全員で判断する。子どもたちなりにめあてに迫ろうとする姿にいつも感心する。本校を視察される際、OJTの授業よりも自習を好んで参観される方が多い。

2. ベクトルをそろえる──教師の協同

　学校として成果を出すためには、ベクトルをそろえることが必須である。校長として、以下のことをこつこつと続けてきた。
○ OJT授業時案の片面にアクティブ・ラーニングに基づいた参観の視点を一貫して掲載し、必ず目に留まるようにする。
○ 毎月2～3回ある職員会議始めの15分間を校長講話に設定し、主に授業に関する話題を扱う。
○ 朝集や式で、自分たちで授業を進めたり、教え合いをしたりすることをほめる、認める。これが影響して、児童会目標が「自分たちで授業をつくろう」となった学期もあった。
○ 保護者総会や懇談会等で、本校の授業の進め方を説明し、時代に沿った教育であることをアピールする。
○ 授業の様子を時々本校ブログにアップし、保護者や地域住民に広報する。
○ 視察に来られた方々と、高学年の子どもたちや若手教員らが自らの言葉で授業を語るグループ協議の機会を設定する。

　先日、若手教員らとの会話で、「ベクトル」が話題になった。
　「自分のやり方もあるし最初は戸惑います。でも子ども主体で授業してみると子どもたちの表情がよくて……そのうちに納得して実践しています。教材研究や準備で教師が協同できるのも大きいです。授業を子どもたちに任せる部分が多くなると心の余裕ができ、観察力もついてきたように思います。家庭学習の取り組みでも学力向上対策でも、みんなでベクトルをそろえているので進めやすいです」。

　今後、さらなるボトムアップを期待している。

3章　学び合いで学校が変わった

《和歌山大学教育学部附属中学校》

協同教育を土台とした自律学習の実現

和歌山大学教育学部附属中学校講師／元和歌山県有田市立宮原小学校長　　**藤井　英之**

1. 協同教育による授業改善

　協同学習とは、一般的に協同を取り入れたグループによる学習形態を指す。協同教育とは、「協同の原理に基づく教育活動」の総称である[1]。だから、グループ学習だけを意味するものではない。一斉学習や個別学習のなかにも、「協同の原理」に基づく学習活動は成り立つ。

　「協同の原理」とは、メンバーがともに心と力を合わせて、助け合って目標を達成しようという営みである。言い換えれば、互恵的な協同関係をつくっていく営みである。その営みを実現するためには、教師は「生徒と生徒をつなぐ」ことに徹する。それが「生徒と生徒がつながる」学習に変わっていく。「生徒と生徒のつながり」は、主体的な学び、対話的な学びとなる。「生徒と生徒がつながる」ことで、「自分たちで授業をつくる」ことができるようになる。

　ここで重要なことは、認知目標（学習目標）の達成と同時に、態度目標（協同の技能＝人間関係技能と学習スキル）の向上をめざすのである。後者の指導力が、これからの教師の授業力の中心となるものと考える。

　協同教育をこのようにとらえたとき、授業改善の方向は、アクティブ・ラーニングによる自律学習者の育成である[2]。教師の発問や指示、説明で構成された授業から、生徒が本時のめあてを達成するために、主体的に課題を追究する授業への転換であると考える。簡単に言えば、「教師が教える授業」から「生徒が主体的・対話的に学ぶ授業」への転換である。

　その背景には、AI（人工知能）の発達による近未来像（オックスフォード大学准教授マイケル・A・オズボーン）や、2035年以降の超高齢化社会に生きる力を、学校教育でどのように育むのかという喫緊の課題がある。

　以前のような高学歴＝高収入の時代は終わった。「これからの先の見えな

い時代[3]」を生きるためには、どのような状況に対しても、対応できる汎用的な能力が求められるようになってくる。

学習指導要領の総則に、「主体的・対話的で深い学びの実現に向けた授業改善」とあるが、そこに求められる学習は、協同教育を土台とした自律学習を実現することと考える。

2. 単元メニューと学習メニュー、そして……

協同教育を土台とした自律学習を実現するために、教師が事前に準備するものに単元メニューと学習メニューがある。主体的な学びを実現するためには、単元メニューと学習メニューの配布は必須である。生徒は単元メニューと学習メニューを読んで「自分たちで授業をつくる」のである。単元メニューも学習メニューも前単元の最後の時間に配布する。

(1) 単元メニュー

単元メニューは、生徒にとって単元を見通す羅針盤であり、教師にとって年間指導計画を具体化したカリキュラム・マネジメントの一環である。

図1の単元メニューは、現勤務校である和歌山大学教育学部附属中学校第2学年の社会科地理的分野「日本の諸地域」の「近畿地方」である。

単元メニューの右端の「評価」とは、自己評価欄である。

(2) 学習メニュー

授業での必需品は学習メニューである。学習メニューとは本時の設計図であり、教師から生徒への「授業の指示書」でもある。生徒は学習メニューを読みながら、協同（協同の原理に基づき）して授業を進める。一人では学習メニューの内容を理解できなくても、協同すれば自分たちで授業を進めることができる。

学習メニューの記述は、生徒の授業力の向上にしたがって変化させている。当初は、「授業の指示書」として学習内容と方法を細かく書き、その量はA4用紙1枚程度になる。図2の学習メニューは、第1学年当初のものである。

学習メニューは毎時間生徒に配布することを原則としている。それは「生徒と生徒をつなぐ」アイテムでもある。このような「授業の指示書」的な学

図1　単元メニュー
単元メニュー・学習課題表（1月実施）　　2年（　）組・氏名（　　　　　　　　）
　　　第2学年　地理　単元12『日本の諸地域（2）近畿地方』全7時間

単元の目標（めあて）
①各地方の基礎的・基本的な地域的特色を大観することができる。 　＊大観：広く全体を見渡すこと、広く全体にわたって見ること。 ②日本の各地方の特色ある地理的事象や事柄を、他の事象と関連付けて追究し、九州地方、中国・四国地方、近畿地方、中部地方、関東地方、東北地方、北海道地方の地域的特色をとらえることができる。 ③地図・グラフ・写真などの資料を活用し、各地方の地域的特色や地理的な見方・考え方の定着を図ることができる。

時	月日	ページ	テーマ	めあて	観点	評価
1	／	p.194-195	近畿地方の自然環境	近畿地方を大観し、県名と位置・庁所在地名を覚え、地形や気候の地域的特色を理解することができる。	知識・理解	
			学習課題1	大観した内容を話し合いノート整理したり発表したりする。		
			学習課題2	重要と考える内容を話し合いノート整理したり発表したりする。		
2	／	p.196-197	近畿地方の歴史、人口、産業	近畿地方の歴史、人口、産業を大観することができる。	技能	
			学習課題1	教科書の本文より重要と考える内容を話し合いノート整理したり発表したりする。		
			学習課題2	教科書の版図①②③より気づきを話し合いノート整理したり発表したりする。		
3	／	p.198-199	歴史的都市の街なみと文化	歴史的都市や伝統文化を保全することの重要性を捉えることができる。	技能	
			学習課題1	教科書の版図①より気づきを話し合いノートに整理したり発表したりする。		
			学習課題2	教科書の本文より重要と考える内容を話し合いノート整理したり発表したりする。		
4	／	p.200-201	関西大都市圏の成り立ち	関西大都市圏の変化と発展、課題を理解し説明することができる。	思考・判断・表現	
			学習課題1	歴史的背景の視点から関西大都市圏について重要と考える内容を話し合いノート整理したり発表したりする。		
			学習課題2	大阪市・神戸市の現状と課題について話し合ったりノートに整理したり発表したりする。		
5	／	p.202-203	近畿地方の産業と歴史	近畿地方の特色ある農業や工業の歴史的背景について理解することができる。	知識・理解	
			学習課題1	重要と考える内容を話し合いノート整理したり発表したりする。		
			学習課題2	3つの小見出しから1つを選んで内容を深めるために話し合いノート整理したり発表したりする。		
6	／	p.202	『伊藤孫右衛門』～道徳・社会科横断学習～	先人のみかんへの思いを追究することで、有田みかん（紀州みかん）のルーツを知る。 道徳：C ―［郷土の伝統と文化の尊重、郷土を愛する態度］	思考・判断・表現	
			学習課題	「上司の庭園に植えた苗木はまもなく枯死したが、自分の畑に植えた一本は、やがて生色を取り戻してすくすくと成長した。」この違いは何か。		
7	／		単元のまとめ			

【単元のふり返り】単元を通した自己評価（A・B・C）とその理由を書く。また、印象に残っている授業をあげ、その中から選んでその理由を書く。

習をメニューによる授業を半年以上続けることになる。

　当初、グループで学習メニューを読みながら、自分たちで授業を進めた経験のない生徒は、うまく協同ができなかった。生徒と生徒がつながらないのである。

　しかし、2ヵ月、3ヵ月すると、少しずつ学習に対するグループでの会話

図2　当初の学習メニュー（5月7日）

第1学年社会科地理　単元『1. 世界の姿』5／7
学習メニュー（　）月（　）日（　）曜日　1年（　）組・氏名（　　　　　　）

時間	内　　容	形態
8分	1. 導入 （担当リーダーが日付・テーマ・めあてを書いている。） ①全員でテーマとめあてを読む。 ②学習メニューを配る。1分間読む。（学習メニューについて質問する。） ③授業始めの先生の話を聞く。 ※前時の学習をふり返って（テンションを下げる） ※「要点」の整理の仕方について（グループノート）	コの字
14分	2. 課題1：教科書 p.8 の要点整理 ①教科書 p.8「緯度と経度の決まりをつかむ」の要点をノートに整理する。 　＊【空白禁止】早くできた生徒はワークシート No.4 をする。 ②グループで話し合って自分たちのグループの要点整理をグループノートに書く（対話的な学び）。 ③最も早くできたグループが、グループノートの内容を板書する。 ④先生の補足を聞く。	グループ
16分	3. 課題2：教科書 p.9 の「スキル UP」・「トライ」・「プラスα」 ①グループで「スキル UP」を読み、リーダーが質問を聞き説明する。（対話的な学び） ②「トライ」をし、グループ全員で答え合わせをする。 　＊ややこしい場合は、リーダーが他のグループへ行って答えを確認する。 ③「プラスα」の「確認」をノートに写す。 　＊空欄には赤ペンで解答してノートに書く。 ④「プラスα」の「活用」についてグループで話し合う（対話的な学び）。 　※話し合いの際、次の4つの言葉（キーワード）を使う。 　　『地軸』『交点』『自転』『極点』 ⑤話し合いで納得したら、ノートにその説明を書く。 　＊【空白禁止】早くできた人は、ワークシート No.4 をする。	グループ 自由な立ち歩き
7分	4. 課題3：ワークシート No.4「緯度・経度の仕組みを知る」 ①各自でワークシート No.4 をする。 　＊わからない生徒は「学びの作法」を使う。 ②リーダーが判断して答え合わせを行う。 　＊ややこしい場合は、リーダーが他のグループへ行って答えを確認したり、教卓に置いている「解答」で確認したりする。	グループ
5分	5. 授業のふり返り ①ふり返りシートに書く。 ②グループ単位に提出する。	グループ

が続くようになってきた。つまり、生徒と生徒のつながりが見えるようになってきた。それにしたがって、学習メニューの文字数を減らしていく（図3）。

　協同学習を促進するために開発したのが、「バージョンによる授業」であ

図3　半年後の学習メニュー（1月18日）

授業ノート

学習メニュー（　）月（　）日（　）曜日　（　）組（　）班・氏名（　　　　　）

時間	内容	形態
	第1学年社会科地理　単元8「世界の諸地域（6）オセアニア州」第3時／5時間 テーマ：変化する先住民族と移民の社会（p. 94-95） めあて：先住民族と移民の国オーストラリアの変化をまとめることができる（技能）	
8分	1. 導入・バージョン分け 　①テーマ・めあて・学習メニュー・教科書を読む（教科書タイム1分間）。 　②各グループで3つの小見出しを2つの小見出しにする。 　③小見出し案ができると、学習計画・準備を行うため、リーダー会を開く。 　　＊フルバージョンで行う小見出しを決定する。 　　＊フルバージョンで行う小見出しが（1）（2）の場合は、先にフルバージョンを行う。 　　＊フルバージョンで行う小見出しが（2）（3）の場合は、先にショートバージョンを行う。 　　＊カードを貼り、学習時間と時刻を板書する。板書できたら、いったん授業を止めて、学習計画を確認する。	コの字 グループ
28分	2. 課題1・2：フルバージョンの小見出し・ショートバージョンの小見出し 　＊小見出し（1）と（2）を、リーダー会で決めたバージョンによって行う。	グループ
14分	3. 授業のふり返りと相互評価 　①授業者の補足・評価を聞く。 　②自己評価・授業のふり返りを書き、相互評価を行う。 　③メンバーの授業のふり返りで必要な内容があれば、ふり返りの観点の「④友だちの意見について」として書く。 　④授業ノートを提出し、ワークシートNo. 40をする。	グループ

【自己評価：　　　】（自己評価の基準）：めあて・板書・挙手発言

《授業の記録・ふり返り》（課題名＝小見出し名を書く）

　　ふり返りの観点：①大事なポイント（めあてに対して）　②協同学習について
　　　　　　　　　　③疑問に思ったことと自分の考え　　　④友だちの意見について

り、「自分たちで授業をつくる」自律学習の基本となる授業と位置づけた。

　「自分たちで授業をつくる」ために、各グループのリーダーで構成するリーダー会をつくる。リーダー会は授業始めの5分間程度で、学習メニューにそって本時の学習計画を立て板書し説明する。各クラスのリーダー会が機能し始めると、学習への自律が飛躍的に向上した。

(3)　そして……

　そして、その半年後、2年生になった夏休み前には学習メニューをなくし、学習課題表を授業ノートに貼りつけるようにした。もう生徒には「授業の指示書」が不要になったのである。図4の「学習課題表」にある五つの学習方法を自由に使えるスキルを身につけた生徒は、授業始めのリーダー会

図4　第2学年後半の学習課題表（2月13日）

授業ノート
学習課題　（　）月（　）日（　）曜日　（　）組（　）班・氏名（　　　　　　　）

第2学年社会科　地理
単元12「日本の諸地域（3）中部地方／関東地方」第2時／9時間
テーマ「中部地方の人口や産業」（p. 208-209）
めあて：中部地方の人口、産業の特色を捉えることができる。（技能）
課題1：教科書の図版①②③（p. 208-209）
学習課題　教科書の図版①②③をもとに気づきを出し合い整理する。
課題2：教科書の本文（p. 208-209）
学習課題　重要と考える内容を話し合い整理したり発表したりする。
【自己評価：　　　　】
（評価の基準）：①めあて・②板書・③（挙手）発言（①と②または③ができてA）
ふり返りの観点：①めあてに対して　②協同学習について
③疑問に思ったことと自分の考え　④友だちの意見
生徒が学習方法を選択して行う授業　①フルバージョン　②ショートバージョン　③ペンリレー　④挙手発言　⑤スパイダー討論　⑥その他

で、本時のめあてと学習課題から学習方法を選択し、学習計画を板書し自分たちで授業を行うようになっていた。

　協同教育を土台とした自律学習に入った。五つの学習方法のなかの「フルバージョン」と「ショートバージョン」は、グループによる協同学習であるが、それ以外は個別学習と一斉学習による協同学習（協同教育）である。

　第2学年後半の半ばを過ぎた頃から、各クラスのリーダー会は、どちらかの課題に五つの学習方法以外のその他の方法を考えるようになってきた。

　本時は、課題1で「気づき」を、課題2では「重要と考える内容」を求める課題である。この場合、リーダー会は、課題1と課題2の順序を入れ替え、課題2に10～15分間を設定し、学習方法はショートバージョンにアレンジを加えたものを計画するようになってきた。アレンジに失敗することも少なくないが、それでも生徒は、学習のマンネリ化を防ぐためチャレンジする。

　「学習メニューにしたがって進める授業」から、「学習方法を選択して行う授業」、そして「学習方法をアレンジして行う授業」へと、失敗をくり返しながら、生徒の授業力は確実に向上してきた。

▼学習計画を立てるための授業始めのリーダー会

3. 教師3分、生徒47分

　授業では、教師の持ち時間を強く意識している。アクティブ・ラーニングによる自律学習では、教師の持ち時間を限りなく0に近づける。生徒の持ち時間を限りなく50分間に近づける。

　「学習方法を選択して行う授業・学習方法をアレンジして行う授業」では、学習をすべて生徒に任せているので、特別のことがなければ、教師の持ち時間は3分以内である。教師は生徒の学びには立ち入らない。デジカメと補助簿に授業の記録を取るだけである。これは「生徒ができることは生徒に任せる。生徒が協同すればほとんどのことができる」という認識からである。

　当然、同じ授業であってもクラスによって学習方法が異なる。しかし、同じめあて、同じ学習課題であり、学習内容は教科書をベースにしているので問題はない。クラスによって学習方法が異なるので、教師は各クラスへ行くのが楽しみである。

　授業中は特別と判断した場合を除くと、生徒に学習内容の説明をしない。

リーダー会はギリギリの時間設定で学習計画を立てている。授業のふり返りの時間が取れなくて、家庭学習にすることも珍しくない。そんななかで教師が授業に介入することは、生徒が立てた学習計画を壊すことになり、自律学習を否定することになる。

しかし、教師が生徒に授業を任せているので、授業への評価や学習内容の補足は必要である。それを行っているのが、原則毎時間書いている授業通信である。授業通信は授業風景と生徒の授業のふり返りから成っている。授業通信を書くために、デジカメと補助簿への記録があると言っても過言ではない。授業通信は教師から生徒への指導と評価のメッセージである。授業通信があるから、「教師3分、生徒47分」が実現できる。

4. 学力の急上昇

中学校の校長から小学校の校長に異動したのが、2012（平成24）年度であった。そして、5年間勤務し、2016（平成28）年度末に定年退職した。この頃から和歌山県も数字に見える学力向上への施策が始まった。赴任した小学校は市内児童の4分の1近くが在籍していた。協同教育に取り組んで3年目に結果が出た。

2012（平成24）年度の2学期から、教員にはグループによる協同学習の指導をOJT授業研修という形で始めた。また、教育効果を数字で測るための五つの項目を設定した。「校長室へのクレーム」「校長が関わった問題行動」「いじめ」「不登校」「全国学調における全国平均との比較値」である。

「校長室へのクレーム」は2012（平成24）年度には6件あったのが、2015（平成27）年度から0になった。「校長が関わった問題行動」は7件であったのが、2014（平成26）年度から0になった。「いじめ」は2012（平成24）年度に1件あったが、それ以降は0である。「不登校」は2014（平成26）年度から0になった。

「全国学調における全国平均との比較値」では、2012（平成24）年度から2014（平成26）年度は0.1ポイントから1.6ポイントも低かった。それが、2015（平成27）年度には9.3ポイントも高く（国語・算数）、全国1位県を1.9ポイント上回った。まさに急上昇である。2016（平成28）年度も全国1

位県なみの結果であった。

　協同学習（協同教育）は、学力向上への足場を固めることが実証された。

　当該小学校の2015（平成27）・2016（平成28）年度の協同教育は、学習メニューの配布を前提にしたアクティブ・ラーニングであった。自律学習へのスタートラインに立ったところである。

　当該小学校での経験をもとに、現勤務校に協同教育を持ち込んだ。

　協同教育を土台とした自律学習ができるようになった勤務校の彼らにも同様の結果が出ている。中学3年生となった彼らは、五つの学習方法だけでなく、ジグソー法、MD法、KJ法、競技ディベート等、多様な学習技能を身につけてきた。さらなる自律学習を求めて学びを深めている。

《注》
(1)　関田一彦「協同教育と協同学習」日本協同教育学会「協同と教育」1号、2005年。
(2)　「自律」とはautonomyであり、autonomyはautonomiaというギリシャ語からきている。auto-は「自身の」で、-nomyは「〜法」ということで、「自身の法」や「自身の規律や規範」と言える。ということは、自律には自分自身をコントロールするという側面がある。何のために自分自身をコントロールするかと言えば、自分自身のためでもあるが、集団のためでもある。だから、「自身の規律や規範」は、集団とのかかわりから生まれる。
(3)　文部科学省初等中等教育局教育課程課長・合田哲雄「次期学習指導要領改訂について——方向や趣旨」日本教育情報化振興会平成27年度定時総会記念講演会より。

3章　学び合いで学校が変わった

《神川町立丹荘小学校》

「ユニット学習」を活用した学び合いの授業実践

埼玉県寄居町立男衾小学校長／前埼玉県神川町立丹荘小学校長　小柳　百代

1. 自校の授業スタイルの確立

　本校では、主体的・対話的で深い学びに向けた授業研究のなかで、算数の授業スタイルを確立し、全校で実践することを一つの柱として取り組んできた。現在、3年生以上の算数の授業では、クラスを二つに分けて少人数指導を行っている。算数が苦手な児童も得意な児童も同じになるように、ランダムに学級を半数に分け、さらに「ユニット」と呼んでいる小グループで思考・表現活動を進め、児童同士の対話のなかで児童の持つ力や指導性を活かして学び合う授業を展開している。

(1)　ユニットの活用

　授業のなかで「主体的・対話的な学び」を担うのが「ユニット」で行う学び合いの授業形態である。ユニットは3人または4人で構成し、そのなかには必ずミニティーチャーとなりうる児童が居るように教師が意図して組んでいる。

　これまでは、自分の考えを発表したり、他者の考えを聞いたりする表現活動の場としてユニットを活用する場面が多かった。算数においてはさらに、苦手な児童が得意な児童から教えてもらい、得意な児童は教えることで理解を深めるという学び合いによる思考の場をつくることとした。

　この「ユニット学習」をより深化させ、授業のなかに定着させることで、児童が主体的に学習に取り組み、対話しながら多様な見方・考え方を身につ

けることをねらいとした。

　また、教師1名による一斉型の授業では、個別の支援が十分にできず学習内容の定着に苦慮することもあったが、ユニット学習により、児童が互いに教え合い・学び合うことができたため、学習効果をあげることができた。

(2)　算数の授業スタイル

　教師は、45分の授業のどこでユニット学習を組み入れるのが有効なのかを考え授業構成をデザインする。授業構成で心がけたことは、「学びの空白をつくらない」ことである。これは、ご指導くださった千々布敏弥氏の言葉である。たとえば授業中、問題を早く解き終えた児童が全員解き終わるまで待っている空白の時間、教師が○をつけに来てくれるまで待っている空白の時間……等、授業を振り返れば多々ある空白を有効な時間に変えていく必要があった。

　本校では授業研究を重ね、空白の時間を削り、うまれた時間で練習問題の量を増やしたり、少しレベルの高い問題に取り組ませたりすることができるようになった。学習量が増えて、学習内容の定着とともに活用力の向上につながった。本校オリジナルの授業スタイルを下記に示す。

〈算数の授業スタイル〉

①問題の提示
・問題文をノートに視写させる。または印刷された問題文を貼る。
・本時の流れを書き込めるワークシートを活用する場合もある。

②課題の設定
・児童が取り組む学習課題を提示する。
・児童が「少しむずかしいな」と思える課題を設定することで、学び合いが活発になる。
・児童の言葉で「どのようにすれば〜だろうか」と疑問型で表記する。

③見通しをたてる
・既習事項（算数コーナー）を活用し、課題解決の手立てとなるように見通しを持たせる。
・ユニットを活用する場合もある。

④課題解決（ユニット学習）
・ユニットで学び合いながら課題解決に取り組む。
・自力解決したいときには自分で、相談したいときには「教えて」と声をかけ学習内容が理解できるようにする。
・解決が進まないユニットには、教師がヒントを出す。教師はかかわり過ぎず、児童同士の交流によって解決できるように支援する。
・早く終わった児童（ユニット）には、複数の方法を考えさせ多様な思考を促す。

⑤発表
・ノートをタブレットPCで撮り、プロジェクターを通して黒板に映し出し、児童の考えを可視化して発表させる。

・映像で映された児童の考えを黒板に残しておけるような板書の工夫が必要になる。
・学び合いのなかで足りなかったところは教師が補足して教える。
・発表者は教師が意図して発表させても、ユニットで決めさせてもよい。

⑥まとめ
・児童の言葉でまとめる。
・課題に正対したまとめとなるように、教師がおさえる。

⑦練習問題
・本時の定着を図るために、必ず行う。
・少しレベルの高い問題（本校では「ジャンプ問題」と呼んでいる）、さらにレベルの高い問題も用意し、意欲の向上を図る。
・ユニットで学び合いながら解決できるようにする。

⑧振り返り
・本時の学習内容を振り返り、わかったことや感想をノートに書かせる。

・話型は提示しない。
・自分の振り返りをユニットで伝え合い、考えを交流させる。

(3) ユニットを活用した学習の成果

①「算数の勉強」が「好き」および「どちらかというと好き」な児童は各学年で90～97％の割合であり、「ユニット学習」が「好き」および「どちらかというと好き」な児童は93～98％となった。

ユニット学習が好きな理由は、「わからない問題がわかるから」「いろいろな考えを知ることができるから」「ユニットだと発表しやすいから」などが主な理由としてあげられた。なかには、「むずかしい問題をみんなで解いたときの達成感が一人のときより嬉しいから」という理由もあった。対話的な活動を通して深い学びにつながったことがうかがえる。

②算数の授業で、児童は「楽しく問題を解いたり、教え合ったりすることができた」と感じている。児童アンケートでも各学年で95～97％の児童が「できた」と答えている。児童が相互に学び合うことで学習内容の理解が深まり、友だちとの対話から多様な考えを身につけることができている。

2. 板書の工夫

学習の一連の流れがわかるように、以下のように学習過程のポイントを黒板の一面に明確に示した型を基本形とした。

問題	ユニット学習	まとめ
	※自力解決・学び合い	※赤線で囲む
課題	スクリーン	練習問題
※青線で囲む	※児童のノートを映し出し考えを提示	振り返り
見通し		
※解決の手立て		

176

3章　学び合いで学校が変わった

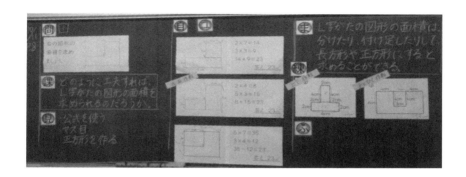

①学習過程のポイントは⑲：問題、⑭：課題、⑲：見通し、⑮：自力解決、⑯：ユニット、⑰：まとめ、⑱：練習問題、⑲：振り返りをカードで示し、全校で統一して実践している。
②ワークシートを活用するときは、問題文などの掲示物を用意し、黒板に貼りつけて提示する。このことで、時間を短縮することができ、その他の学習活動に時間をかけることができる。
③学習課題や見通しは、児童からの疑問を引き出し、既習事項から解決の見通しを持たせて提示をすることで意欲を持たせ、主体的な活動へつなぐことができる。
④タブレット PC で撮った児童の考えは、映し出した後、黒板に残すことができないため、予想される解答のパターンを掲示物にして、あらかじめ用意しておく。児童から出されなかった解答は掲示物を活用して教師が補足説明をする。
⑤板書構成が統一されているため、児童は学年が変わっても同じようにノート記述をすることができる。
⑥自分の考えや、ユニットで得た他の考えも記述してあるので、後日、ノートを活用して学ぶことも安易にできる。

3．ICT 機器の活用

各教室に ICT 機器を備え、児童のノートや資料となる図をすぐに提示でき、児童の考えを「可視化」「共有化」させる環境を整えた。

タブレットPC、プロジェクター等のICT機器を効果的に使うことにより理解や興味・関心を高める工夫を行った。たとえば、ノートに書かれた児童の考えを写真に撮り、黒板のスクリーンに映し出して説明をさせる。児童は自身のノートを見ながら説明できるため、自信を持って発表することができる。ノートに書かれた児童の考えのプロセスがそのまま映し出されたりする等の利点もある。説明を聞く児童は、発表者の考えを視覚でとらえられるので理解が深まり、「わかった」を実感でき学習意欲が向上する。

　また、発表用ボードに考えを転記する等の時間が省略でき、他の学習活動に時間をかけることができた。練習問題をたくさん解いたり、振り返りをユニットで発表し合えたりする時間ができ、「学びの空白」をつくらず、充実した学習の時間を創造することができた。

＊

　学習の成果をあげるのは、授業スタイルの確立によるものだけではない。教師が授業の終わりに毎回ノートを集め、児童の「振り返り」を確認してコメントを寄せる等の見届けが、本校にはある。児童の学習力の向上は、教職員の弛まぬ研究と努力の賜であろう。

　また、ユニットで出された多様な考えを認め、児童を大事にしながら授業を進めてきた。学級内の柔和な人間関係を構築し、わからないときには「教えて」と言えることの大切さや、教えることで自分の理解がさらに深まることを児童に伝えてきた教職員の指導の積み重ねが大きな成果につながっている。

3章　学び合いで学校が変わった

《枚方市立香陽小学校》

協働共伸、学び合う教師を育む学校づくり

大阪府枚方市立香陽小学校長　小橋　久美

　本校は、校区のほとんどが閑静な住宅地にあり、全校児童419名19クラス（うち支援学級4クラス）の中規模校である。保護者や地域の協力もあり、落ち着いた学校である。2018（平成30）年度から大阪府「確かな学びを育む学校づくり推進事業」指定校（TM校）、枚方市「外部の知見を活用した学力向上推進事業」指定校として、国立教育政策研究所総括研究官・千々布敏弥氏や大阪府・枚方市の指導主事に、また校内研究教科「国語」については、神戸常盤大学准教授・山下敦子氏から1年間授業改善や学力向上についてご指導いただいた。本校の学力向上の取り組みは、枚方市の基本方針「Hirakata授業スタンダード」に基づき、「学び合う」教師集団を育む学校づくりの取り組みである。本稿では、学力向上プランに基づいた2年間の取り組みを時間の経過を追って紹介する。

1．課題の共通認識から組織の活性化

　2017（平成29）年4月、本校に赴任した直後に実施された全国学力・学習状況調査で、初めて全国平均を下回るという衝撃的な結果が出た。長年、学力に大きな課題のある学校ではないと教員は認識していたので、まず、課題の見える化によって課題を共通認識することから取り組んだ。学力向上部が中心となり、調査結果の分析・グラフ化や先進校視察などを通して課

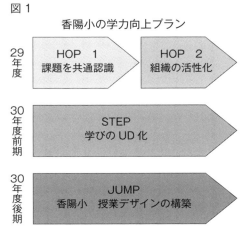

図1　香陽小の学力向上プラン

題の見える化に取り組んだ。その結果、課題を全教員が共通認識し、課題解消のための方策がボトムアップで提案されるようになった（図1）。

　学力向上は児童の豊かな学校生活が保障されている学校で実現される。学校力向上は学力向上の必要条件である。各組織が主体的な意志を持ち動くことで、学校は活性化する。図2の下は本校の研究組織である。研究部は三つの部会で構成され、教員は三つの部会のどれかに必ず所属する。各部の提案は学年会で共有し、児童の実態に応じた新たな具体策が次々と提案された。

2. 学びのUD化（ユニバーサルデザイン化）

　小学校は、毎年学級担任が代わることが多く、担任が代わるたびに変化の

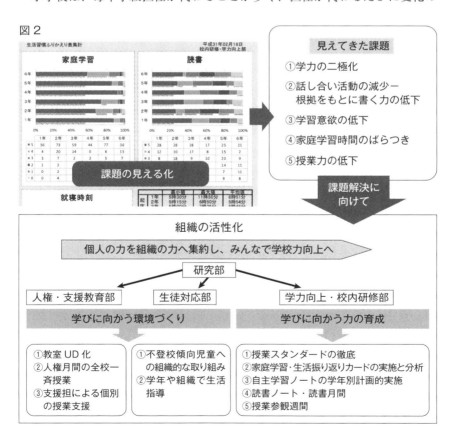

図2

3章　学び合いで学校が変わった

大きさに戸惑い、4月当初は学習に集中できない児童もいた。心の安定は、主体的な取り組みの原動力である。学びに向かう環境を整え、1年生で習得した基本的な学び方が、6年間変わらずすべての児童が安心して学習に取り組めることをめざして以下の「学びのUD化」に取り組んだ。

(1)　学習環境の統一

□授業について
①授業表示の統一
　めあて・まとめ・
　ふりかえり
②ノートの統一
○算数ノートの書き方
○漢字学習帳
③教室のUD化
④漢字大テストへの具体的な取り組み方の共有
⑤朝学習
　（学年で統一）

□家庭学習について
⑥毎学期　生活振り返り週間実施
⑦家庭学習のしおり配布
⑧自主学習ノートの計画的実施
⑨自主学習掲示コーナー設置
⑩宿題のチェック方法

授業表示（板書）の統一

　めあて　まとめ　ふりかえり

めあては、青線、まとめは、黄色のチョークで囲む
赤いチョークは、使わない（板書の黄色は、ノートの赤）
1時間の授業内容が、わかる板書

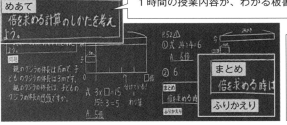

算数科では、板書と児童のノートをリンクさせ、板書の授業表示とノートのとり方を全学年統一した

自主学習コーナーで、好事例を掲示。赤でポイントを紹介することで自主学習の学び方が児童に広がった

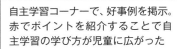

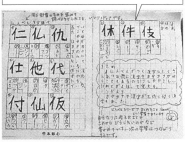

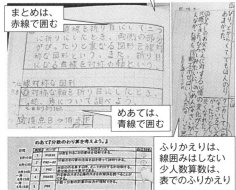

まとめは、赤線で囲む

めあては、青線で囲む

ふりかえりは、線囲みはしない
少人数算数は、表でのふりかえり

(2)　基礎学力の定着

　　学力の二極化対策として、個別の学習支援に組織的に取り組んだ。

①パワーアップ教室：とくに学力差が大きかった算数科技能分野を中心に全教員と放課後学習教室の指導員で対象児童をしぼり、放課後月２回実施。
②自学プリントの設置：自主学習力の向上のために、廊下に自学プリントを設置し児童が自分の課題に応じて学習を進めることができるようにした。
③読書指導：毎週１時間、国語科として図書室で読書指導を実施。水曜日の朝読書や読書ノートの冊数記録、読書感想文コンクールへの参加などを通して読書活動を推進している。

3. 授業デザインの構築

（１） 校内研修テーマ「自分の思いや考えを豊かに　表現し合う子どもの育成――ふりかえり活動を通した授業のデザインを検証する」

　ふりかえり活動を通した授業デザインの検証をサブテーマとしたのは、本校は、授業の導入にかける時間が長く、授業の終盤で「ふりかえり活動」の時間が不足することや児童の「ふりかえり」を授業改善に活かしきれていないという課題があったからである。研究部では、ふりかえり活動をする効果について以下のように示している。

> ◎ふりかえり活動で、表現する力をつける。
> ◎ふりかえり活動から、学びの深さを検証できる。
> ◎ふりかえり活動を取り入れることで、めあてが充実する。

（２） 学び合う教師

　学校全体の授業改善で、最も大切なことは、自校の強みと弱みを全員が共通認識し、同じ気持ちで取り組み、学び合う教師集団になることである。TM担当教員は、各学年の授業を見てまわり、課題を共に考え、最も効果的な順序で授業改善を推進し、２学期後半には、どのクラスも「学び合い」の授業を展開するようになってきた。授業改善が加速したのは、千々布氏の教員個々への具体的なアドバイスがあり、教員一人ひとりの目標と校内研究の方向性が明確になったことや山下氏による国語科の単元計画に基づく授業展開の指導を得たことも大きい。

3章　学び合いで学校が変わった

強みを活用し、弱みを改善する、組織的な取り組み

強み　学び合いの基礎
① ノート指導の充実
② 学習規律の徹底
③ 教室や学校の教育環境・整理整頓のよさ
④ 学習姿勢のよさ
⑤ 学年統一した指導
　（先生同士の関係のよさ）
⑥ 子ども同士の関係のよさ

弱み　学びに向かう力の育成
① 表情の硬さ
② 「学び合い」の取り入れ方
③ 「学び合い」の方法
④ めあてと問題の違いが不明確
⑤ 「まとめ」の方法
⑥ 教材研究力（教材解釈）

授業デザインの確立へ

① 具体的な「めあて」を提示し、「ふりかえり」で学び方を検証
② ５分の「ふりかえり」を確実に実施し、「学び合い」の検証
③ 「学び合い」の必要条件を満たす授業
　ⅰ　思考が深まる課題設定
　ⅱ　学びのコーディネーターとしての教師の役割
　ⅲ　シンキングツールの活用と立体的板書（学びが見える板書）
④ 単元計画に基づく授業（つけたい力を明確にした授業）

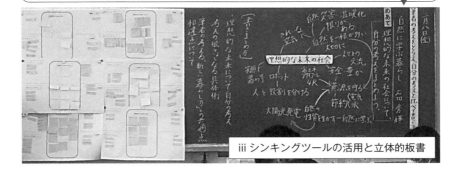
ⅲ シンキングツールの活用と立体的板書

（3）　本校の研究体制

　校内研究授業では、学年会やブロック学年会で教材研究し、指導案・単元計画を作成する。研究授業は、学年単位で実施するため、どのクラスも同じ内容で授業をする。原案提出後、校内研修部で検討し、最終的な指導プランで模擬授業を実施する事前研究会をする。事前研究会は、全教員が参加し、指導案の変更がされることも多く、この段階で授業のポイントや研究の視点を共有する。公開授業では、視点に基づき参観者が付箋に書き込んでいく。

授業検討会では、KJ法によりあらかじめ設定したグループごとに視点に基づいた話し合いを実施し、よかった点・改善点を発表し、講師による助言をいただく。本校では、研究授業を毎日の授業改善に活かすため、学んだことを最後に各自が「ふりかえり」、明日の授業をどのように改善していくかを明言する場を設けている。

「凡時徹底」「率先垂範」「協働共伸」が、本校の基本方針である。本校は、とくに目新しい取り組みをしているわけではない。子どもたちになかまの大切さを教え、45分の授業と格闘し、無言清掃に取り組み、一人ひとりの弱さをみんなでフォローし合い協力して働き共に伸びていく学校である。授業を担当する教員のほとんどは、経験年数10年目未満の教員である。経験年数の少なさは、弱みの一つではあるが、新たな取り組みへの意欲やパワーを有するという意味では、大きな強みになる。弱みを強みへと変えていけることが、学校経営の醍醐味である。

学力向上・授業改善の取り組みは、ようやく動き始めたところである。毎日、子どもの学びに寄り添い、教師が学び合い、主体的・対話的で深い学びの実現を信じ、「自分の思いや考えを豊かに　表現し合う子どもの育成」をめざし、香陽小学校の授業デザインの確立に取り組んでいく。

「学び合う教師から　学び合う子どもは育つ」。

3章　学び合いで学校が変わった

《枚方市立楠葉西中学校》

確かな学びにつながる授業改善の取り組み

大阪府枚方市立楠葉西中学校長　田辺　元美

　2021（令和3）年度から中学校では新学習指導要領による学習が始まる。その改訂の方向性は「何を学ぶか」ということだけでなく、学習する子どもの視点に立ち、①「何を知っているか、何ができるか（個別の知識・技能）」、②「知っていること・できることをどう使うか（思考力・判断力・表現力等）」、③「どのように社会・世界と関わり、よりよい人生を送るか（学びに向かう力、人間性等）」、以上に示す三つの資質・能力を整理している。

　本校ではこの方向性に従い、とくに子どもの学びがより確かなものになるようにするために、①学ぶことに興味や関心を持ち「主体的な学び」を実現する、②子ども同士の協働、教職員や地域の人との対話、先哲の考え方を手掛かりに考えること等を通じ、自己の考えを広げ深める「対話的な学び」を実現する、③習得・活用・探究という学びの過程のなかで、知識を相互に関連づけてより深く理解したり、問題を見いだして解決策を考えたり、思いや考えを基に創造したりすることに向かう「深い学び」を実現する、以上3点をめざした。とくに今年度においては、学校教育方針（図1）のもと、千々布敏弥国立教育政策研究所総括研究官はじめ多くの

図1　平成30年度　楠葉西中学校長教育方針

【学習指導】
①授業改善・研究
・授業の充実、4人班の充実
・教科として生徒につけたい力、授業の振り返り
・研究授業（研修年5回程度・教科内研究授業）
・授業参観期間（学期に1回）
・教科部会の充実（週1回、月1回、評価、テスト、つけたい力）
②学力保障
・家庭学習・自学自習教室・補習学習会
・チャレンジテスト、全国学テ、入試問題の分析と具体化
全ての生徒が学びを投げ出さない学習指導

【生徒指導】
①人、時、物を大切に！（基本的生活習慣の確立）
・挨拶をする（誰にでもきちんと挨拶のできる学校）
・時間を守る（登校時、下校時、授業時　遅刻0に!!）
・きれいな学校にする・生活場所をきれいにする心
②一人ひとりに自信をつける（自尊感情を高める）
・子どものいいところを見つける
・お互いのいいところを見つけあえる
＊生徒指導主事を核に学校生徒指導体制を構築！
全ての生徒が自分に自信が持てる生徒指導

これからの社会を担っていく子どもを育てる学校

【全ての生徒に居場所のある集団作り】
①人間関係作り（不登校、いじめ0）
・人権教育、支援教育の充実
・「特別の教科道徳」に向けて
・行事の精選、充実（文化祭、体育祭など）
・郊外活動の系統性（修学旅行・宿泊学習・郊外学習）
②リーダーの養成
・自治活動の充実（学級作り、生徒会委員会活動）
集団作り

【全ての生徒が将来の夢を語れる進路指導】
①キャリア教育
・系統的な職業講話（1年）職場体験（2年）
・3年間を見越した進路学習
②一人一人を大切にした進路指導
・自分自身の特性を見つける
「いける学校」→「将来を見据えた学校」
・進路対策（授業改善、定期テスト、補習）
進路指導

学識経験者の方々のご助言を得て、まずは、学校運営組織の見直し・授業改善・学習規律・学力保障の4点に重点を置いた。まだまだ歩み始めたところではあるが教育活動の取り組みを全校的に進めてきた。本稿では、その取り組みを紹介する。

1. 学校運営組織・校務分掌組織の見直し

　学習指導（授業改善・教員の授業力向上）、すべての生徒が自分に自信を持ち居場所のある集団づくり、心の教育力等の学校運営の諸課題を見据え、また、常に教科内・学年内・分掌内で研究できる体制を整え、その目的意識の明確化をめざすために、学校運営組織の見直しを行った。図2のように企画委員会を中心に据えるとともに学力向上委員部会・生徒指導部会をその上に位置づけ、それぞれの部会や教科部会を時間割内に組み込み毎週協議できる時間を確保した。二つの部会を中心に各教科や学年会へ取り組みを伝達すると共に各部の取り組みの先進的モデルの吸い上げ（ボトムアップ）を行うことができる組織に改善することにより授業改善・教員の授業力向上および学習集団人間関係づくり等々を向上させ、学校運営の諸課題の改善を図った。

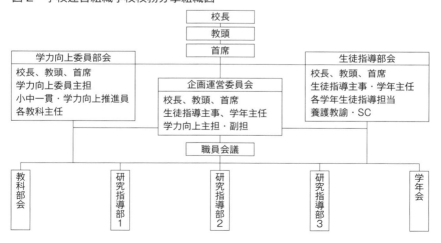

図2　学校運営組織学校校務分掌組織図

2. 学校体制としての授業改善

(1) 授業を通して子ども同士の人間関係づくりを深める

　研究授業や模範授業（テーマ：子どもの活動を中心とした思考・探求型のGW協働学習の研究。キーワード：授業で伝えたい五つのかける）を通し、なぜ4人班（GW）の充実に本校は取り組むのか、どのような授業スタイルをめざすのか等協議を行った。そのなかで日本の子どもたちは、知識はあるものの「本当に知識があるだけでよいのか？」という疑問があがり、これから求められる「学力」は、単に知識の所有だけでなく、そこから新しい価値を生み出したり、とっさの判断をしたりできる力、さらには、未知の問題を解決していく力であることから、静かに座って教師の話を聞く学習（講義型）から他者の考えを聞き学びあう学習（思考・探求型）が必要ではないかとの共通認識を持つに至った。そして、人は生まれながらにして周りの世界とかかわり学習していく力を持っており、今ある知識を生かし未知の問題を解決していく力を育てる学習すなわち子どもが本来持つこの力を活かす学習がGWであることを再認識した。本校では4人班（GW）が行われているが、4人班（GW）にすることが目的ではなく、4人班（GW）の方法で、何を学ぶのかが目的である。教科の特性や単元により1人・2人・4人・6人等々どの形態を取るかは変わってくる。GWの目的と方法を間違い、授業スタイルだけを真似るような授業では意味がない。また、子どもたちに伝えたい授業スタイルである五つのかけるとは、「気にかける・声をかける・時間をかける・目にかける・願いをかける」である。これらの学習・授業のよさを知るためには、視察したり、授業交流したり、できるだけ多くの人と協議すること、そして、何よりも子どもたちの学びをよく観察することが重要であると考え、学校体制のもと全教員で、すべての子どもが学びを投げ出さず子どもがつながり合う学習指導に取り組んできた。

(2) 教科部会の充実

○教科部会を週1回時間割内に設定、月1回は教科代表者会の実施。

○授業相互観観週間の設定（毎学期2〜3週間）、参観シート（図3）やビデオを活用し授業研究。

図3

2018年度　授業交流メモ					
クラス（　　－　　）教科名（　　　　）授業者（　　　　）記入者（　　　　　）					
			評価		
		質問	1	2	3	4
目標の設定	①ねらいがわかりやすかった。				
教材等の工夫	②効果的な教材等の工夫があった。				
発問・指示の適切さ	③適切な発問や指示によって、授業を展開していた。				
板書の工夫等	④学習の流れや関連、ポイントがよくわかる板書を工夫していた。				
活動の場の構成（4人班での活動）	⑤活動をさせるための適切な課題が与えられている。				
	⑥活動をさせるための適切な資料が与えられている。				
	⑦生徒同士で、有意義に意見交流がされている。				
	⑧考えを伝えたり、人の意見を聞く様な、交流する時間を保障していた。				
個の学習の成立	⑨振り返り時に、満足感や成就感など、生徒一人ひとりが目標を達成し、個の学習が成立していた。				

※評価はそれぞれ、1.そう思う。2.だいたいそう思う。3.どちらかというとあまりそうは思わない。4.そうは思わない。となります。1～4の該当する番号に○をお願いします。

＊メモ＊

＊観察した4人班の様子（生徒の発言など記入）
　　　※見学者は生徒には声をかけたり質問されても答えたりしないでください。

氏名	氏名
氏名	氏名

＊参観期間2月8日（金）～2月22日（金）です。必ず一人1回参観願います。参観は自身の教科を原則とします。　参観後、用紙をコピーして、FAX下の茶封筒に入れてください。原本は授業者に渡してください。

○お互いの授業を交流し合し、主体的・対話的で深い学びとなる授業とするためにはどうすればよいのかを検討。指導主事からも助言を得た。
①知識や技能の定着
・発問の工夫を行い極力教員による説明を簡略化し、子ども同士の学び合いのなかで定着させる。知識理解を問う学習課題は教科書の問題で十分であることから、正解プリント配布やプロジェクター表示等で時間短縮し、応用的学習課題を解決する時間を十分確保する。
②思考・判断・表現の習得
・応用的な考えさせる課題を設定し、その課題をグループ内で子ども同士学び合わせ、さらに深い認識に到達させるために、ワークシートの活用や発問の工夫を行うとともに、授業の目的と展開に応じた対話的学びを工夫した。しかし、(1)で述べた人間関係づくりが深まっていない集団においては、対話型学びには至らないことを留意しておく必要がある。残念ながら対話型授業に失敗した教員は、従前の講義型つまり知識伝達型授業に戻らざるを得なくなる。また、応用的な学習課題設定をするためには、教材研究による単元理解が必要であり、単元計画から単元目標の設定が必要になった。このことから本校では、夏休みを利用して2学期分の単元目標表を作成した。
③GWにおける教師のかかわり
・生徒同士の活動を活性化するようなかかわりを行い、教師は極力答を教えない。不活発なグループには、活性化するようにかかわる。
④振り返り活動
・各教科で工夫をしながら、毎時間振り返る時間を設定。
⑤単元目標の設定
・教科ごとに揃えた形式（図4の国語の例を参照）。
⑥単元ごとの観点および評価の子どもへの伝達
　逆向き発想：（つけたい力→評価→テスト→授業の検討）を行っている。次年度はさらに、つけたい力・評価の観点について子どもへプリント配布や掲示等を行い見える化を進める。

図4

『平家物語』は、栄華と権勢を極めながら没落し、壇の浦で滅亡した平家一門の栄枯衰退の物語である。「敦盛の最期」は、戦いのさなか、潔く死を選ぶ敦盛と、人の親として、人間として、心ならずも敦盛を討たねばならなかった直実の苦悩を軸とした運命の残酷さ、武士であることの悲哀を描いた場面である。平家物語に登場する武士たちの生き方考え方を深めるために「扇の的」「弓流し（前半）」についても授業で取り扱う。本時は、扇の的を射た那須与一を称えて踊る平氏方の武将を射たことに対し、「あ、射たり。」と「情けなし。」ということばが漏れる場面である。生徒にはなぜ、「あ、射たり。」なのか、「情けなし。」なのかを考えさせ、見方を「情けなし。」ということばを聞いた与一の気持ちを考えさせていく。そしてこれまでの授業を踏まえてある人物に焦点を当て、当時の武士の生き方や考え方について自分の考えをもてるよう指導していきたい。

本年度、国語科の授業では4人班活動に積極的に取り組んできたが、班活動での話し合いや交流の中で、「自分のことばで考えを語り合う」というところまで高まっていないのが現状である。本単元では、一番興味をもった人物に焦点をあて、座談会で語りあうことで自分の思いを伝えたり、他者の考えに共感したりする力をつけ、思いを伝え合うことの楽しさに気付いてもらいたいと考える。

	単元	古典に学ぶ「平家物語」		
	単元目標	・仮名遣いや語句の意味に注意しながら朗読し、古典のリズムを味わう。 ・場面や状況を捉え、登場人物の考え方について、自分の考えをもつ。		
	言語活動	「平家物語」で一番興味をもった「人物レポート」を書き、「平家物語座談会」で自分の考えを語り合う。		
		学習内容	目標（めあて）	主な評価規準・方法
一次	1	・目標と課題を設定し、学習の見通しをもつ。 ・冒頭部を音読し、諸行無常・盛者必衰の意味を話し合う。	祇園精舎を音読し、平家物語をつらぬくテーマを考えよう。	作品に示されたものの見方・考え方をつかもうとし、音読に活かそうとしている。 （関・意・態）【観察・ノート】
二次	2	・「敦盛の最期」の背景（源平の戦いの状況）を確認する。 ・「敦盛の最期」を音読する。 ・登場する人物の特徴を捉える。 ・人物の様子を思い描きながら、朗読する。	「敦盛の最期」を朗読して、背景や人物の特徴を捉えよう。	作品の背景を捉え、登場人物の特徴を理解して朗読している。 （読む）【観察・ノート】
	3・4	・敦盛を見つけたときの直実の気持ちについて話し合う。 ・敦盛を助けたいという直実の心情を読み取る。 ・見方の軍勢が駆けつけてくるのに気付いたときの直実の心情について話し合う。 ・物語の展開の仕方やその効果について考える。 ・人物の生き方について自分の考えをもつ。	人物の気持ちはどこで、どのように変わったのだろう。	場面の展開と登場人物の心情の変化を捉えている。 （読む）【観察・ワークシート】
	5	・「扇の的」を現代語訳を確認しながら音読する。 ・あらすじを捉える。 ・与一の心情を読み取り、自分の考えをもつ。	「扇の的」のあらすじを捉え、与一の心情を読み取ろう。	場面の展開を捉え、描写をもとに登場人物の心情を捉えている。 （読む）【観察・ワークシート】
	6 本時	・「弓流し」を読み、「あ、射たり」と「情けなし」という言葉にこめられた登場人物の思いを読み取る。 ・二つのことばのどちらに共感できるか立場を決めて自分の考えを書く。	「あ、射たり。」と「情けなし。」の言葉を中心に人物の心情を深め合おう。	登場人物のものの見方や考え方を捉え、自分の考えをまとめている。 （読む）【観察・ワークシート】
三次	7	・感想や疑問点をグループで交流し、自分が興味をもった人物を一人あげる。 ・決めた人物についてのレポートを書く。	「平家物語」を通してこの時代の人物の生き方について自分の考えをもとう。	表現や描写を根拠に人物の生き方について自分の考えを書いている （読む・書く）【レポート】
	8	・人物レポートをもとに興味をもった人物について表現や描写を根拠に自分の考えを班で話し合う。	「平家物語座談会」で興味をもった人物について自分の考えを伝え合おう。	表現や描写を根拠に自分の考えを伝えている。 （読む）【レポート・ワークシート】

(3) PDCAサイクルによる学力向上プランの作成（枚方市共通版）
・学校全体で取り組みを推進するために、学力向上委員部会で協議。
(4) 校内研修（研究授業）の実施
・年度中に全教員が研究授業を実施できるようスケジュールを年度当初に確定。
(5) 学校視察
・複数の教員で市内外の先進的な取り組みや授業研究をしている学校を視察。その後に報告会を行い教科部会等で活かすことができる内容について協議。
(6) 各学年・各教科教員のペア配置
・一つの教材について研究を深めるため、経験の浅い教員とベテラン教員をペアで配置。以前は学年ごとに一人の教員が授業計画を立て授業に望んでいたため経験の浅い教員は、単元ひとくくりとして目標設定が不十分であった。
(7) 全国学力・学習状況調査等の自校採点および分析・共有・改善

3. 学習規律

(1) ノーチャイム制の取り組み
　授業の始まりと終わりを告げるチャイムのない「ノーチャイム制」を導入。自主的に着席できるため定刻に授業開始が可能になっている。また、生徒に時間を守る大切さや自分で考え行動する力をつけることにもつながっており、子ども・教員ともに時間への意識が高まり楠葉西中の伝統になってきている。

(2) ユニバーサルデザインの取り組み
○全教室に、視覚支援のための前小黒板へのカーテン設置および聴覚支援のためのテニスボールの机・いすの脚への設置を行った。
○めあて・流れ・振り返りシートの作成・活用。

4. 学力保障（家庭学習と学習習慣の改善）

(1) 家庭学習習慣の定着

家庭学習冊子（5教科＋自主学習ノート）を「前向きに自分で毎日家庭学習をする」ことをめざし作成した。今年度は、自主学習のページを増やし充実させた。

(2) 定期テスト前クラス学習会

4人班を活用した学び合い学習会を実施している。

(3) 放課後学習会の取り組み

週4日、放課後に学習室を開室している。

＊

これらの取り組みにより大阪府実施のチャレンジテストにおいて、活用力の分野である記述式問題における正答率が向上した、また、授業アンケートの結果において、授業にやる気を持って望む生徒の割合が向上した。これは、友だちとの間で学び合う（聞き合う）活動を行うなかで自分の考えを深めたり広げたりできるようになってきていることや授業の最初と最後に学習内容について明示や振り返る活動を行うことにより、主体的・対話的に授業に望むスタイルが定着してきていると考えられる。

しかし、今年度の本校の課題については、学級や学年としての人間関係づくりや教科として応用的課題・単元計画・目標の設定等を見直し、学力向上委員部会や生徒指導部会を核とした学校体制のもとさらに改善したいと考えている。

今後もこれらの取り組みを継続すると共に、小学校とも授業の教え方や進め方の確認・共有を図り、小中一貫の取り組みをすすめていきたい。

3章 学び合いで学校が変わった

《枚方市立中宮中学校》

中宮中授業スタイルによる学力向上

大阪府枚方市立中宮中学校長　鶴島　茂樹

　本校の教育目標は、「ともに学び、ともに育つ」というスローガンのもと「すべての生徒が、社会の中で他者と支え合い自立できるよう、生きる力を育成する」ということにある。そして「生きる力」を、人権を大切にする豊かな感性であり、他者と繋がり支え合えるコミュニケーション力であり、社会の形成に主体的に参画できる力であるとしている。

　私たちは、学力とはこの「生きる力」の根幹を成す力の一つであり、「学力向上」の目的は、まさに「生きる力」を育むことにあると考えている。

　したがって、今言われている新しい学力観、「主体的・対話的で深い学び」はまさに、「生きる力」につながる「学力」であり、それは、全国学力・学習状況調査等に反映される点数化された教科の「学力」のみならず、総合学習や特別活動等、学校生活全般において、育まれるべきものであると考えている。

1．本校の概要

　本校は校区に三つの小学校があり、全校生徒数は、2019（平成31）年2月現在420人で、1年3クラス、2・3年がそれぞれ4クラス、支援学級が3クラスと、枚方市のなかでは、比較的小規模校である。

　また、本校は、生徒指導上の課題の多い学校で、数年前まではいわゆる「荒れた」学校だった。その「荒れ」が少し沈静化し始めた3年前から、ちょうど大阪府のスクールエンパワーメント事業を受ける機会があり、本校の「学力向上」モデル校としての取り組みが始まったのである。

　図のグラフ①は、全国学力・学習状況調査の正答率の推移である。「荒れ」がおさまり、学力向上への取り組みが始まった頃から、右肩上がりの傾向にある。

　グラフ②は、今年度3年生の小学校6年時の調査結果との比較である（縦

軸は全国を1とした正答率）。数A以外、3年間で学力が伸びていることがわかる。このように毎年、小学校と連携して同一集団による比較を行っている。

図
① （全国の平均正答率を1とした経年比較）

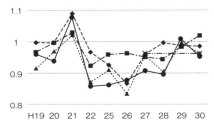

②

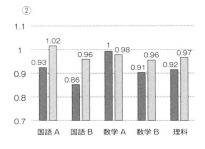

2. 授業改善は教師のスキル向上だけではできない

学力向上をめざすうえで、中心となるのは当然、「授業改善」である。しかし、単に個々の教員の授業のスキルを向上させるだけでは、中身のある充実した授業が常にできるとは限らない。

なぜなら、授業は、中心となる教員と参加者（主体者）である生徒たちが、協力してつくりあげるものだからである。そこがまさに、「主体的・対話的で深い学び」のポイントではないだろうか。

したがって、生徒自身が守るべき授業規律の指導徹底や、生徒同士の信頼関係のある学級集団づくりが、授業改善と一体となって進められる必要がある。

また、学習内容の定着には、やはり、家庭学習の充実が欠かせない。

こういったことから、本校は、学力向上に向けた取り組みを、「授業改善」と「生徒指導」「家庭学習」の3本柱として、同時並行で推進してきた。

3. 中宮中授業スタイル

授業改善に向けた組織的な取り組みの第一歩として打ち出したのが、教科

3章　学び合いで学校が変わった

を越えた授業スタイルの統一である。以下がその骨子である。
○めあて…その授業で何ができるようになればいいかを提示する。
○本時の流れ…その授業で取り組むことの概要を生徒にも伝える。
○個人で考える…生徒個々に、自分で考えさせる。
○班やペアで考える…グループで話し合わせ、考えさせる。
○書く…自分の考えやまとまった意見を書かせる。
○発表する…自分の意見や、グループのまとめを発表させる。
○振り返り…その授業で得たことの確認をさせる（めあてとの関連）。

　これら7要素を、1回の授業のなかに原則入れ込もうということである。

　とくに重要な要素は、アクティブ・ラーニングとしての、ペアや班で考え合ったり発表したりする時間である。これは、まさに「主体的・対話的で深い学び」をめざす授業の中心部分である。なお、班は4人構成を基本としている。

　個々で考える時間ももちろん必要なのだが、そればかりではどうしても解答になかなかたどり着けない生徒と、すぐにたどり着いて時間を持て余す生徒が出てくる。

　一方、班学習においては、お互いに考え合うだけでなく、教える生徒、教えられる生徒の関係もできてくる。これは、教えてもらう生徒にとってだけでなく、実は教える側の生徒にとっても貴重な学びとなる。教えることによって自分の理解度が計れるし、相手に伝わるような説明をする力も必要になってくる。まさに、教える＝教えられる、であると言える。

　さて、ここでは、忘れてはならない重要なポイントが二つある。一つは授業者の発問の質である。ただ単に、グループで考えさせるだけでは、形だけの話し合いや、人の解答を写し取るだけの時間になってしまう。教え合いも含めて、グループで意見を交流しながら自分たちの考えをまとめ発表することのできるような発問が必要なのである。

　もう一つの重要なポイントは、「班づくり」である。本校では、学級経営の基本の一つとして、どの学級も以下の手順で班づくりを行っている。

　班長立候補→班長会議（担任・学級委員・各班長）にて4人班編成、席決め→学級で承認→同様の手順で定期的に班替え（席替え）。

この班は、昼食や清掃等で活用する生活班であり、同時に授業での学習班でもある。こういった班づくりの目的は、生徒が主体的に学級づくり、そして授業づくりにかかわることにある。生徒は自分たちでつくった班だからこそ、お互いに協力して活用しようという意識が高い。

　「主体的・対話的で深い学び」を具現化させる授業は、授業の中身を、自分がわかるだけではなく、「みんなでわかればもっといい」と思えるような仲間意識が育っているような、それこそ、主体的で対話的な学級集団のうえに成り立つものだと考える。

4．学校組織として

　これらの授業改善を学校全体として組織的に実践していくために、本校では以下のような3段階の会議を設定している。
○学力担当者会：随時（管理職・首席・教務主任・学力向上担当）
○学力向上委員会：毎月2回（管理職・首席・学力向上担当・各教科主任）
○各教科会：毎週1回（時間割内に組み込み）

　教科会では、中宮中授業スタイルを基本とした日々の実際の授業の検討や、単元目標の設定、「主体的・対話的で深い学び」の検証となりうるテストでの活用問題の協同作成等が行われ、それらが学力向上委員会で集約される。それらを受けて、学力向上委員会から、教科会や職員会議にさまざまな取り組みの提案を行っている。

5．研究授業の充実

　さて、実際の授業の質の向上のためには、当然、研究授業等による交流が必要になってくる。本校では、昨年度から、以下のような3形態の研究授業を行っている。
○公開研究授業：学期ごとに年3回。全員参加で外部講師を招いて研究協議（2018〈平成30〉年度は本書の編者でもある千々布敏弥先生にご指導・ご助言をいただいた）。
○教科グループ研究授業：各教科、1・2学期に複数回実施。教科会にて研究協議を実施し、学力向上委員会に報告。

○ミニグループ研究授業：全教員を、教科、学年を越えた６人程度のグループに分け、グループごとに、２・３学期に複数回実施。グループで研究協議実施。学力向上委員会に協議結果のレポートを提出。

　これらの研究授業において、全教員が年間に必ず１回は、授業者になることとした。また、今年度より、公開授業については実施前に教員が生徒役となる模擬授業も実施し、参加者全員で指導案等を練り直している。

　これらの取り組みにより、何より教員の授業改善への意識が高まり、結果として中宮中授業スタイルは確立しつつある。

6. 言語能力の育成を目的とした家庭学習

　学力の重要な基礎のひとつは、「言語能力」である。どの教科にしても、教科書の説明文や問題文の文意を正確に読み取ったり、自分の考えを文章で表したりする力は不可欠である。そして、そういった力や、家庭学習そのものの不足が、本校生徒の大きな課題の一つでもある。

　そこで、これらの課題解決に向けて取り組んでいるのが、「週末宿題」と「Try Japanese」である。「週末宿題」は、日常の各教科の宿題とは別に、学年として週末に全クラス共通の宿題を課す取り組みであるが、これは主に基礎的反復練習を中心とした、家庭学習の確保を目的としたものである。

　言語活動の育成を目的とした課題として取り組んだのが、後者の「Try Japanese」である。これは、４大新聞のコラムを毎日掲載し、月曜日から金曜日までの５日間、毎日の終礼で配布し、家に持って帰らせるというものである。生徒は１週間で合計20コラムを読み、そのなかから自分が興味を持ったものを一つ選び、そのコラムの要約文と感想文を書いて月曜日に提出するという課題である。

　これについての成果はまだ検証しきれてはいないが、生徒たちに、社会の出来事に関心を持ち自分なりに考える機会を与えるという意味でも、この取り組みは継続していこうと考えている。

7. 生徒の意識向上に向けて

　先に述べたように、授業の主役は生徒であり、授業づくりは教師と生徒の

協同作業であると言っても過言ではない。したがって、その主役である生徒自身が、「学力向上」をめざそうという意識を持つことも必要であると考える。そのための取り組みとして、定例の全校集会（生徒会主催）で、担当教員が学力向上に向けたさまざまな講話を行っている。たとえばRSテスト（リーディングスキルテスト：教科書に書いてある文章を題材に、その文意が理解できているかを問うテスト）をスクリーンを使って出題して、その場で全員に考えさせたり、全国学力・学習状況調査の自校採点を利用して、記述式問題の正答例と誤答例を比較して紹介するなどしている。

8. 次なるステップへ

　2019（令和元）年度からは、すべての教科において、教科担当共通の「単元計画」を作成し、各教室に掲示することにしている。教室に掲示して生徒に見せることで、生徒自身もその単元全体として、一コマ一コマの授業のめあてが、どうつながって何ができるようになるかということを知ることができる。そのことは、生徒の学習意欲を高める可能性もあるし、また、家庭学習で単元計画に合わせて授業の予習をすることもできる。予習ができれば、生徒自身が、その授業に、より自信を持って意欲的に臨むことができるのではないかと考えている。

＊

　中宮中授業スタイルをはじめ、本校の組織的な取り組みを紹介してきたが、逆に型にはめることが目的になってしまってはいけないと考えている。教員にはそれぞれ個性があり、それも含めて教員はある意味、生徒にとって魅力的なエンターテーナーであるべき存在である。時には、講義型授業も必要であろうし、演習のための授業があってもいいのである。大切なことは、単元全体を通して、「主体的・対話的で深い学び」をめざすという目的が貫かれているかということである。そういったことも含めて、学校という組織そのものが、教員個々のさまざまな意見が交流され、けっして膠着することなく、弾力的に運営されることが必要であろう。

　「主体的・対話的で深い学び」の実現をめざすなればこそ、学校組織も「主体的・対話的」でありたいと思っている。

3章　学び合いで学校が変わった

《桐蔭学園》

トランジション課題に挑む新時代のフロントランナー・TOIN

桐蔭学園教育企画室室長　川妻　篤史

　「毎回楽しくてすぐに時間が経ってしまい、もっと授業していたいと思うような授業でした」「先生の考え方や解答を覚えるのではなく、なぜ自分の考えではいけないのかなどさまざまなことが身についた。こうした授業を続けてほしい」「グループの人と話し合えると、他人の考えも聞けて考えるのが楽しくなってくる」。

　アクティブ・ラーニング（AL）型授業を導入した2015（平成27）年4月から、私は推進リーダーとして活動してきた。しかし、AL型授業導入以前は、一方的な講義しかできない教員であった。当時の授業では生徒たちの学び合う姿など想像もできなかった。ところが、AL型授業を導入すると、生徒たちは劇的に変化した。冒頭で紹介した生徒たちのコメントは、AL型授業導入初年度に私が担当した授業クラスのふり返りである。授業にペアワークやグループワークを取り入れたことで、生徒たちは生き生きと学び合う姿を見せるようになったのである。こうした生徒たちの変化を見て、AL型授業導入が学校を変える大きな原動力になると私は確信した。

　短期間でAL推進校として全国の教育関係者から評価をされるまでに変化を遂げた桐蔭学園。この改革のあゆみは、まさに「激走」であった。本稿を借りて、桐蔭学園学校改革の「激走」をふり返りたい。

1. 組織による推進──五つのポイント

　学校組織として改革を進めるうえで五つのポイントがある。①ビジョンの共有、②組織づくり、③情報の共有、④実践の共有、⑤外部への発信。以下、それぞれのポイントについて説明したい。

　桐蔭学園は、50周年を機に学校改革プロジェクトをスタートさせた。そこで掲げた改革ビジョンは、「新時代のフロントランナー・TOIN──自ら

考え判断し行動できる子どもたち」であった。「自ら考え判断し行動できる子どもたち」を育てるには、「先生が教える授業」から「生徒たちが学ぶ授業」に変えなければならず、教授から学習へのパラダイム転換が求められた。ところが、こうしたパラダイム転換が求められる改革は、そう簡単に進まない。壁にぶつかるたびに、何のための改革なのか、この改革ビジョンに立ち返ることが繰り返された。このビジョンなしでは改革をここまで推し進めることなどできなかっただろう。

「組織づくり」としては、溝上慎一京都大学教授（当時）を教育顧問に迎え、校長直下の組織としてAL推進委員を立ちあげた。大きな推進力になったのがAL推進委員のなかに置いた企画チームである。AL推進委員の中核となるメンバーで構成された企画チームは、AL推進の方策について徹底的に議論し、さまざまな取り組みを企画化していった。AL推進委員全体の活動は、ユニットを組織し、ミーティングを時間割に組み込んで、活動が途切れないよう工夫した。

「情報の共有」としては、AL推進委員同士が情報交換・意見交換できるようメーリングリストを立ちあげた。このメーリングリストでは、うまくいった授業実践の報告だけでなく、うまくいかなかった実践報告も投稿され、課題点や悩み事がAL推進委員で共有できた。メーリングリストがうまく機能した背景には、溝上教授からのアドバイスをうけることができた点がある。校内の教員同士だけではここまで活発なやりとりは実現しなかっただろう。このメーリングリストで、AL推進委員のAL型授業に対する理解がかなり進んだ。また、全教職員に配布した「AL通信」も推進の大きな力となった。

「実践の共有」としては、教科科目に関係なくAL推進委員同士で授業を見学し合うところからスタートし、自由に授業を見合える文化をつくっていった。校内の研究授業もあり方自体を見直し、「生徒たちの学び」に焦点を当てたワークショップ型研修に改めた。

「外部への発信」としては、年に1回AL公開研究会を実施してきた。全国の教育関係者が集まるこの機会は、本校の教員同士が力を合わせなければならず、個人商店化した教員文化を変化させる大きな力となった。公開研究会以外でも、外部からの学校見学も積極的に受け入れ、見学者の数は延べ

300名を超えた。本校の教員も一緒に見学するよう促したことで、本校の教員にとっても大きな学びになるものとなった。

2. モデル化による普及──だれもが実践できるAL型授業をめざして

　桐蔭学園の改革は、授業改革からスタートした。学校生活の大半を占める授業でこそ「自ら考え判断し行動できる子どもたち」を育てたい、これが授業改革を中心に据えた理由だ。大学入試の志望理由書などで「クラブ活動や生徒会活動で主体性・協働性が身についた」と書く生徒はいても、「授業で主体性・協働性が身についた」と書く生徒はほとんどいない。私たちは、「授業で主体性・協働性が身についた」と生徒たちがふり返るようなAL型授業をめざした。

　AL型授業導入にあたり溝上教授から最初に受けたアドバイスは、とにかく授業の20％にALを取り入れるというものだった。授業にペアワークやグループワークを20％入れようというスタートは、教員にとってわかりやすく、まずは実践してみようという気持ちになれるものであった。毎時間20％組み入れる形でも、単元で20％組み入れる形でもかまわない。とにかく講義一辺倒の授業を改めることがめざされた。授業にALを入れ始めたときの教員の反応は、「生徒たちがあんなに生き生き学ぶとは」といった驚きに満ちたものだった。教授から学習へのパラダイム転換は、講義型の研修だけでは進まない。実践して生徒たちの変化を実感できなければ進まない。

　AL型授業導入初年度は、目に見える形でさまざまな仕掛けを講じていった。そのなかのひとつが、全教室に掲示したポスター（図1）だ。これにより態度や姿勢の悪い生徒を指導しやすくなったが、それ以上に学校全体でALを推進していることが目に見えてわかるようになった点で効果的だった。

　AL型授業の実践を積み重ねるなかで、授業においてプロセスとして押さえるべきことがあるとわかってきた。それをモデル化し、授業デザインに生かせるようにした。教員同士で共有したモデルは以下の三つ。①個で考える時間を確保したうえでペアワークやグループワークを行い、改めて個で考える時間をとる「個⇒協働⇒個」。これは教室の生徒全員を巻き込みながら個

図1

の資質・能力を向上していくうえで欠かせない。②授業のはじめに目標を明示したうえで、その目標が達成できたかどうか確認する「目標提示⇒ふり返り」。これは、メタ認知能力を高める効果があり、主体的な学習者を育てるうえで欠かせない。③発表前に生徒全員にどのようなことを発言するか考える時間を確保したうえで前に出て発表する「発表準備⇒前に出て発表」。①〜③のモデルのおかげで、授業にALを組み込みやすくなったとの声が教員から寄せられるようになった。

学びが深まるAL型授業をめざすには、形式面だけでなく、内容面でも工夫が求められる。そこで開発を進めたのが活用問題だ。活用問題とは実世界（実社会・実生活・自己）に関連する課題のことで、この課題への取り組みで、習得した知識を活用する思考力・判断力の向上が期待できる。適切な活用問題をペアワークやグループワークの課題として設定できれば、学びはとても深いものとなる。「活動あって学びなし」にならないためにも押さえたいポイントである。

3. エビデンスにもとづく検証──本当にALで学校は変わったのか

AL導入3年目を迎えたところで、エビデンスベースの改革を進めるために学内にIR（Institutional Research）オフィスを立ちあげた。IRとはデータに基づく検証を通じてよりよい教育の実現をめざす部門である。「生徒たちはAL型授業で成長しているのか」「AL推進のなかで教員の意識・行動はどのように変化しているのか」これらを検証するために、学力の3要素を統

合的に測定する新しいタイプの学力テスト、教員対象の授業アンケート、生徒対象の学習アンケートのデータ分析を行うところからスタートした。現在は、トランジションの観点から卒業後の追跡調査も実施している。

　新しいタイプの学力テストの結果分析では、高1から高2にかけて、キャリア意識が高まりリテラシー（思考力・判断力・表現力）が向上しているとわかった。しかし、コンピテンシー（主体性・多様性・協働性）はあまり変化が見られず、コンピテンシーを高めるのは容易ではないとわかってきた。この結果は、AL型授業をさらに改善する必要性とともに、トランジションの観点から中学生段階にまでさかのぼって分析する必要性も示唆している。

　教員対象のアンケートでも興味深い分析結果が出た。AL型授業に対する教員の不安とAL型授業の実施状況との相関を調べたところ、ALに対する不安が大きいほどALが実践できていないとわかった。さらに、パス解析（AMOS分析）をつかって次のような仮説が成り立つのか検証した。「生徒たちの能力不足に不安があるからAL型授業を行えない」「進度・教材に不安があるからAL型授業を行えない」。これらは、AL型授業導入時に教員から寄せられた声に基づいてつくった仮説である。結果（図2）を見ると、「生徒の能力に対する不安」も「進度・教材に対する不安」も、AL型授業の実施に影響を及ぼしておらず、影響を及ぼしているのは「AL・ICTに対する不安」であるとわかる。考えてみると、「生徒の能力に対する不安」「進度・教材に対する不安」は以前から教員が抱えてきた不安であり、「AL・ICTに対する不安」のように最近登場してきた不安ではない。改革を進めていると、教員は新しい事態に対応する力が弱いと感じることが多い。今回の結果はそれがデータで示されたことになる。

　生徒を対象にした授業アンケートでは、授業の内容理解度とAL型授業参加度との相関を分析した。教科によって若干の違いは見られるものの、授業の内容理解度とAL型授業参加度との間には総じて正の相関があり、授業中のペアワークやグループワークを通じて情報交換や意見交換を行うことが授業内容の理解度を高めるとわかった。こうした分析結果は、いち早く教員にフィードバックし、新しい取り組みに懐疑的な教員の背中を押すエビデンスとして活用している。

図2
教員の不安⇒行動（AMOS分析）　　本校教員対象アンケートより（2018年6月実施）

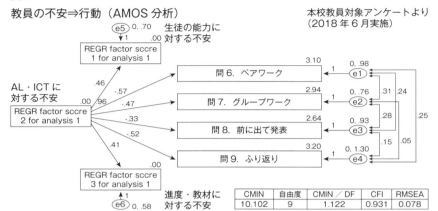

4. カリキュラム・マネジメント——「見える化」によるPDCA循環

　「走りながら考えましょう」。これは改革スタート時の溝上教授の言葉だ。当時、この言葉は衝撃的だった。「『走りながら考える』とは何事だ！　生徒たちを実験台にするのか！」と憤慨する教員もいた。しかし今になって思う。この「走りながら考えましょう」はまさにカリキュラム・マネジメントのことであり、本校の改革は、徹底した「見える化」によりPDCAサイクルを回していくカリキュラム・マネジメントによって進められてきたのだ、と。改革ビジョン「新時代のフロントランナー・TOIN」は、文字どおり「走りながら考える」ことを宣言するものであった。

　カリキュラム・マネジメントに基づく改革はまだ始まったばかりである。次なる目標は、学校から仕事・社会へのトランジションを見据えた「新しい進学校のカタチ」を全国に提案することだ。この改革は、具体的には次の三つを柱にしている。①AL型授業、②ゼミ形式で生徒たちが自ら興味・関心を深掘りしていく探究（未来への扉）、③HR活動を軸としたキャリア教育。AL型授業を主軸に展開してきた本校の改革は次のステージに入ったことになる。新時代のフロントランナー・TOINの挑戦は続く。

3章　学び合いで学校が変わった

《大妻嵐山中学校》

「生徒の学びを変える授業研究」で若手教員の成長をめざす

大妻嵐山中学校・高等学校長　真下　峯子

　私立学校は、その教育内容が地域から信頼され、入学する生徒を確保することが学校経営上必須である。どのように理念や未来を語って募集活動をしても、学校の教育内容に信頼を得ることや生徒たちの総合的な学力の伸長を実感できなければ、結局は生徒募集は成り立たない。すなわち、入学した生徒たちが、学校での学びによって成長する教育課程を編成し、実施内容を企画し、実行する力が必須となる。それは、教室やあらゆる場面で日々の教育活動に取り組む教員の指導力の向上と管理職やミドルリーダーのマネジメント力にかかっていると言っても過言ではない。公立学校での法制化された教員のライフステージに合わせた研修に比べ、私立学校の教員研修は各所轄行政庁からのバックアップはあるものの、各法人・学校の責任で実施することになり、この仕組みづくりと実施が教員の指導力向上を左右することになる。

1. 生徒や授業の現状はどうだったか

　生徒たちが学校で過ごす時間の8割は授業である。学校に着任してすぐ、校長としてやった仕事は授業観察。授業での生徒たちの様子をすべての教室で観察する。もちろん観察の一番の視点は授業者と生徒たちとのインターラクションと生徒たちの動き。授業は学校の一番重要な時間であり、生徒の学力伸長の場、この授業観察で学校の課題を確認し、改革のポイントを探す。
　高校のコミュニケーション英語はベテラン教員の授業。生徒たちは黙々とノートを取り続け、「コミュニケーション英語」なのに、生徒たちはほとんど声を発せずに授業が進む、典型的な古典的「教え込み授業」だった。教科指導のなかで生徒に学んでほしいことは教え込みだけでは到底到達できないが、授業で学んだことを基にして生徒が自ら学ぶことにより学びが深まり学

力が伸長してゆくのだということを理解していないように見える授業が他の教科でも展開されていた。

その他の授業でも、私語なく淡々と静かに進み、生徒たちは教員の指示をよく聞き板書された事項をきちんとノートにとっていた。コツコツとまじめだが、そのまじめさは教え込まれたことを疑問なく受け取るまじめさで、自分のものとして身につかない力はテストが終われば定着せず期待どおりの学力の伸びにつながらないため、自らの学力に自信が持てない状況であった。

しかし授業観察後に授業担当者と「生徒が自ら学ぶ授業」への転換を求めて話をすることを繰り返しても、学校全体のなかに流れる教員の授業に対する根本的なスタンスはそう簡単には変わらない。ではどうするのか。個々の教員の授業改善のための自己研鑽の推奨にとどまらず、学校全体として授業観の転換を図るための教員研修体制の構築が必要と考えた。

アクティブ・ラーニング（以下、AL）型授業の導入に際しその成果指標として実施した河合塾によるジェネリックスキル（リテラシー、コンピテンシー、教科学力）測定テスト（学びみらいPass）では、リテラシー、コンピテンシーは高いが、それが教科学力を押しあげることにつながっていないという課題が明らかになった。教科学力を向上させるには生徒が持つリテラシー、コンピテンシーの素養を生かし、失敗を恐れてなかなか積極的にならない生徒の学びを変える授業づくりが必要であるという根拠となった。

2.「自ら学びに向かう学びに変える」ための授業づくりをめざして

学校独自で職員の研修体系をつくり実施することは体系そのものの質的保証や評価、進捗管理が非常にむずかしい。以下、法人のバックアップを得て研修をプロジェクト化し、外部民間教育機関や行政・大学との共同研究として6年間実施してきた取り組みを紹介し、とくに3年次、4年次、5年次の取り組みについて詳細をレポートする。

(1) 初年度：新任教員の授業力向上研修
①指導主事や教員研修指導担当者の指導力向上をめざして開催されている研究会の手法を転用して、授業ビデオを詳細に観察し、気づきをブレスト、ディスカッションする方法で初任者の研修を開始

○題材：シリーズ授業「社会科」岩波の南哲朗先生の授業ビデオ
  ○指導者：南哲朗先生（横浜市教育委員会、当時）、千々布敏弥先生（国立教育政策研究所）、校長、教頭
  ○方法：ビデオ視聴、気づきのブレスト、指導者からのコメント
 ②授業相互見学研修
  ○題材：授業見学記録、各人の授業記録ビデオ
  ○指導者：教頭
  ○方法：気づきのブレスト、授業者へのフィードバック
 ③管理職等による授業見学
  ○題材：各教員の授業
  ○指導者：校長、教頭、主幹教諭、教科主任
  ○方法：授業観察、授業者へのフィードバックとディスカッション
(2) 初年度：他私学の学力向上の取り組みを学ぶ
 ○対象：全教員、題材：他校の実践記録、指導者：題材実践高校長の講演
(3) 初年度：新学習指導要領を見据えた教育課程編成のための研修
 ○対象：全教員、題材：先進校の教育課程
 ○方法：情報提供とディスカッション
(4) 2年次：ALの基本を学ぶ全教員研修
 ○方法：講演会、指導者：溝上慎一先生（京都大学教授、当時。現桐蔭学園理事長）
 ○内容：なぜALが必要なのか
(5) 2年次：生徒による授業アンケート
 ○目的：ALの手法を使った授業実施状況把握
(6) 3～5年次：AL共同研究
 ○対象：全教員、方法：河合塾教育研究イノベーション本部との授業力向上の共同研究、生徒の現状を数値で把握、基本概念理解から授業実践
 ○指導者：成田秀夫先生（河合塾、当時。現大正大学教授）、中原淳先生（東京大学、当時。現立教大学教授）、溝上慎一先生他

3. 3年次（2016〈平成28〉年度）の取り組み

　教頭がリーダー、各校内組織がそれぞれの役割分担を果たすという形で実施。
〈研修の目的・目標〉
　AL型授業を実施するために必要な知識を習得し、AL型授業を体験する。
①目的
　教員がAL型授業の背景・意義を理解し、AL型授業に取り組めるようにする。
②到達目標
　(i)　生徒のアクティブな学びが求められる背景と意義について説明できる。
　(ii)　AL型授業の具体例について理解できる。
　(iii)　授業のなかにAL手法を部分的に（20％）は取り入れることができる
　(iv)　AL型授業を含めた授業デザインができる。
　(v)　AL型授業を含めて授業改善ができる。
③実施内容
　第1回レクチャーパート：ALの背景、ALとは？
　第2回レクチャーパート：高校生の能力を多面的に評価するために。
　第3回レクチャーパート：AL型授業の体験と導入の課題。
　※生徒のジェネリックスキルの測定（学びみらいPass）
　第4回体験パート：授業案の作成：ALを組み込んだ授業設計。
　※生徒ジェネリックスキル測定結果の生徒へのフィードバック
　第5回レクチャーパート：ALに向いた教材選定ポイント。
　第6回体験パート：有意義な授業研究を進めるために。レクチャーパート：ジェネリックスキル測定結果とそれから見えてくる課題と実践に落とし込むためのポイントについて。
　第7回リフレクションパート：ALをどう評価するか。
④大妻嵐山授業づくりの共通方針の策定と共有
　1年間の取り組みを振り返り、次年度の授業改善の方向性を共通認識するために策定。

4. 4年次（2017〈平成29〉年度）の取り組み

　2016（平成28）年の研修を土台により実践的なものとし、AL型授業を全校展開すること、授業改善を組織的に進めるための教員間の協働を促すことを狙いとする。その成果を外部に発表する公開授業研究会を実施し、これまでの教員一人ひとりの実践研修の機会とする。

〈研修の目的・目標〉
　AL型授業の授業案を作成し、実際に授業を行いブラッシュアップする。
①目的
　AL型授業を全校的に展開し、継続的な授業改善を通して学校全体の教育力を上げる。
②到達目標
（ⅰ）研究授業、研修を通して他の教員と協働することができる。
（ⅱ）引き続き生徒のジェネリックスキルの測定を行い成果検証を行うとともに、継続的な授業改善をすることができる。
（ⅲ）11月に授業公開研究会を実施する。
（ⅳ）ICTを活用した授業を展開する。
（ⅴ）具体的なALの4手法（「習得タイプ」「活用タイプ」「探求タイプ」「活動タイプ」）を学び、授業に取り入れる。
③実施内容
　第1回体験パート：マイクロティーチング（コア教員3名）。
　第2回レクチャーパート：課題解決ワークショップ。
　第3回体験パート：マイクロティーチング（コア教員3名）。
　第4回レクチャーパート：課題解決ワークショップ。
　※生徒ジェネリックスキル測定（学びみらいPass）
　第5回レクチャーパート：公開授業に向けた課題解決ワークショップ。
　第6回レクチャーパート：公開授業に向けた課題解決ワークショップ。
　第7回体験パート：授業公開研究会。
　第8回リフレクションパート：研究会の振り返りと次年度への課題抽出。

5. 5年次（2018〈平成30〉年度）の取り組み

　これまでの研修を実践的なものにするために、若手教員を中核とする研修グループをつくり、コアのグループ内での公開授業や研究競技を密にしながらAL型授業のブラッシュアップに取り組んだ。
〈研修の目的・目標〉
　教員間の連携を高め、AL型授業を組織的・継続的に行えるようにする。
①目的
　AL型授業を取り入れた継続的な授業改善を通して、自ら協働する教員集団を形成する。
②到達目標
　（i）継続的な授業改善をすることができる。
　（ii）他の教員と協働し授業改善・研修を自主的に運営することができる。
　（iii）学校教育目標を達成するための授業デザインができる。
　（iv）生徒の活動を的確に評価できる。
　（v）秋に授業公開研究会を行う。
③実施内容
　※成田先生とコア教員との打ち合わせ
　第1回体験パート：コア教員による公開授業内容のプレゼンテーション。
　※コア教員の授業公開と授業参観
　第2回体験パート：コア教員の公開授業振り返り。
　第3・4回体験パート：チーム内の授業デザインシートのブラッシュアップ。
　第5・6回体験パート：研究会に向けた授業デザインシートの検討。
　第7回公開授業研究会。
　第8回リフレクションパート：公開授業の振り返り。

6. 6年次（2019〈平成31〉年度）の取り組み

　カリキュラムマネジメントアンケートの分析およびフィードバック。

(1) 対象

全教職員、全校生徒。

(2) 方法

アンケート、結果分析(提供:河合塾)、ディスカッション。

(3) 結果抜粋

質問1「授業内容は理解できているか」、質問2「授業でALがどれくらい実施されているか」、質問3「ALの授業で理解は進んだか」、質問4「ALで興味・関心は高まったか」。

ALは着実に授業に定着し、学習活動での生徒の理解、興味・関心も高まっているというこれらの質問についての回答の分析結果は、研究の成果があがり始めていることを示すものである。これらのデータをさらに分析し授業改善の取り組みの効果を検証したい。

7. アクティブ・ラーニングのその先へ

研修の成果を持って、今後さらにエビデンスに基づいたカリキュラムマネジメント、教育改善を保証する組織開発をめざしていく。

❖執筆者一覧❖

《編集》

千々布　敏弥　国立教育政策研究所総括研究官

《執筆》（執筆順）

千々布　敏弥　国立教育政策研究所総括研究官
目取真　康司　沖縄県北中城村立北中城小学校長／元沖縄県教育委員会学力向上推進室長
米持　武彦　大分県教育委員会大分教育事務所長／前大分県教育委員会義務教育課長
永野　隆史　高知大学教授／元高知県教育委員会教育次長
池野　敦　北海道教育委員会義務教育課長
川端　香代子　北海道教育委員会上川教育局義務教育指導監／前北海道教育委員会義務教育課主幹
伊藤　伸一　北海道教育委員会義務教育課主幹
名子　学　文部科学省教育課程課課長補佐／前北海道教育委員会教育政策課長
中澤　美明　北海道立教育研究所企画・研修部長
大根田　頼尚　文部科学省専門教育課専門官／「埼玉県学力・学習状況調査」推進アドバイザー
福岡県北九州市教育委員会学力・体力向上推進室
德田　耕造　前兵庫県尼崎市教育委員会教育長
戸ヶ﨑　勤　埼玉県戸田市教育委員会教育長
加藤　拓　大阪府茨木市教育委員会学校教育部長
奈良　渉　大阪府枚方市教育委員会教育長
清尾　昌利　福岡県春日市立春日西中学校教頭／前福岡県春日市教育委員会指導主事
福嶋　慶治　埼玉県神川町教育委員会教育長
横田　健男　埼玉県秩父市立影森中学校長／前埼玉県日高市立高麗中学校長

元主	浩一	福岡県福岡市教育センター研修指導員／前福岡県福岡市立東光中学校長
下田	喜久恵	前和歌山県有田市立宮原小学校長
藤井	英之	和歌山大学教育学部附属中学校講師／元和歌山県有田市立宮原小学校長
小柳	百代	埼玉県寄居町立男衾小学校長／前埼玉県神川町立丹荘小学校長
小橋	久美	大阪府枚方市立香陽小学校長
田辺	元美	大阪府枚方市立楠葉西中学校長
鶴島	茂樹	大阪府枚方市立中宮中学校長
川妻	篤志	桐蔭学園教育企画室室長
真下	峯子	大妻嵐山中学校・高等学校長

あの県がやっている
学校力UPのノウハウ一挙公開！

若手教師が
ぐんぐん育つ
学力
上位県の
ひみつ

A5判／212頁／本体2,000円

国立教育政策研究所総括研究官　千々布敏弥 編

★全国学力・学習状況調査の上位県の小・中学校では若手教師を育成するために何をやっているのか，また教育委員会はどのようにサポートしているのか，秋田・福井・石川で行われている人材育成の具体策を実践とともに紹介・解説！
★学習指導力と生徒指導力を底上げする「若手教師の育成方法」に焦点化し，行政・現場・研究者それぞれの視点から具体的に提示！
★なぜ学力上位県の教師は新採から成果を出すことができるのか，そのひみつに迫ります！

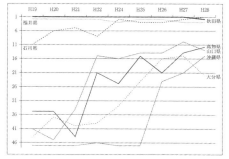

全国学力・学習状況調査都道府県順位の推移

◆ご注文はお電話・ファックスの他，ホームページからも承ります。

教育開発研究所　TEL：03-3815-7041　FAX：0120-462-488　http://www.kyouiku-kaihatu.co.jp

授業力不足の教員をつくらない指導法はこれ！
学力調査で常にトップクラスの県，
近年飛躍的に順位が向上した県の
小・中学校が行っているOJTプランを多数紹介！

結果が出る
小・中OJT
実践プラン20＋9

増刷出来！

【編集】千々布敏弥（国立教育政策研究所総括研究官）
A5判／240頁／定価（本体2,100円＋税）

学力調査で常に１位・２位を占め続ける秋田県・福井県で行われている授業力向上OJTプログラムをはじめ，実際に結果を出している小・中学校のさまざまな授業力向上OJTプログラムを20例紹介。さらに指導に当たっている研究者・指導者９名が授業力を向上させる取り組みのポイントを詳細に解説。

参加者満足度指数97％！ 教員研修の切り札！
わかる！使える！
理論・技法・課題・子ども・ツール・プラン77

ワークショップ型
教員研修
はじめの一歩

好評発売中！

村川雅弘著
A5判／164頁／本体1,800円

ワークショップ型研修を始めたいんだけど何をどうすればいい？人は？物は？お金は？……導入に関する全ての疑問・質問に答えるマニュアルが遂に完成！ アクティブな研修を実現する近道はワークショップ型研修です！ 考え方から"使える"初歩的プログラムまで，第一人者がスモールステップで解説します！

■教育開発研究所　TEL.03-3815-7041／FAX.0120-462-488
http://www.kyouiku-kaihatu.co.jp

学力がぐんぐん上がる急上昇県のひみつ

2019年6月1日　第1刷発行

編者────────千々布敏弥
発行者───────福山孝弘
発行所───────㈱教育開発研究所
　　　　　　　　〒113-0033　東京都文京区本郷2-15-13
　　　　　　　　TEL　03-3815-7041（代）FAX　03-3816-2488
　　　　　　　　http://www.kyouiku-kaihatu.co.jp
　　　　　　　　E-mail=sales@kyouiku-kaihatu.co.jp
装幀────────長久雅行
印刷所───────中央精版印刷株式会社
編集人───────山本政男

ISBN978-4-86560-513-6　C3037
落丁・乱丁本はお取り替えいたします。
定価はカバーに表示してあります。